L'Envers du Music-Hall

Colette (Colette Willy)

Paris, 1926

© 2025, Sidonie-Gabrielle Colette (domaine public)
Édition : BoD · Books on Demand, 31 avenue Saint-Rémy, 57600 Forbach, bod@bod.fr
Impression : Libri Plureos GmbH, Friedensallee 273, 22763 Hamburg (Allemagne)
ISBN : 978-2-3225-5754-7
Dépôt légal : Avril 2025

TABLE DES MATIÈRES

(ne fait pas partie de l'ouvrage original)

La Halte
On arrive, on répète
Le Mauvais matin
Le Cheval de manège
L'Ouvroir
Matinée
L'Affamé
Amour
La Travailleuse
Après minuit
Lola
Malaise
Fin de route
« La Grève, bon Dieu, la grève ! »
L'Enfant de Bastienne
L'Accompagnatrice
La Caissière
L'Habilleuse
Chiens savants
L'Enfant prodigue

Le Laissé-pour-compte
La Fenice
Gitanette

L'Envers du Music-Hall

LA HALTE

… C'est à F… qu'un train caboteur et pas pressé nous jette, nous abandonne, troupe ensommeillée, bâillante et geignarde, par un après-midi de beau printemps acide, éventé de brise d'est, bleu, rayé de nuées légères, odorant de lilas à peine ouverts…

L'air libre fouette nos joues, et nous plissons les yeux, blessés, comme des convalescents qu'on sort trop tôt. Le train qui nous emmènera ne part que dans deux heures et demie…

— Deux heures et demie ! Qu'est-ce qu'on va faire ?

— On va envoyer des cartes postales…

— On va prendre un café au lait…

— On va faire un piquet.

— On va voir la ville…

L'administrateur de la tournée nous suggère de visiter le parc : comme ça, il pourra dormir au buffet, le nez dans son col relevé, sans entendre son troupeau hargneux grogner autour de lui…

— Allons visiter le parc !

Nous voici hors de la gare, et l'hostile curiosité de la petite ville nous escorte.

— Ils n'ont jamais rien vu, ceux-là ! dit l'ingénue, agressive. D'abord, les villes où on ne joue pas, c'est toujours des villes de « pédezouilles » !

— Celles où on joue aussi, observe la duègne, désabusée.

Nous sommes laids, sans grâce et sans humilité. Pâles de surmenage, ou bien rouges d'un déjeuner hâtif. La pluie de Douai, le soleil de Nîmes, le vent salin de Biarritz ont verdi, roussi ces lamentables « pelures » de tournée, grands manteaux cache-misère qui se targuent d'un *genre anglais.* Nous avons dormi, tout autour de la France, sur nos chapeaux-bonnets avachis — sauf la grande coquette qui balance, sur un plateau de velours noir poussiéreux, trois plumes pompeusement funéraires...

Je les regarde aujourd'hui comme si je ne les avais jamais vus, ces trois panaches de corbillard, et la femme qui est dessous.

Dans « la ville où on ne joue pas », elle apparaît déplacée, saugrenue, avec son profil bourbonien : « Je ne sais pas pourquoi, tout le monde me dit que je ressemble à Sarah... Qu'est-ce que vous en pensez ? »

Une gaie petite bourrasque houspille nos jupes, comme nous débouchons sur une place, et les cheveux oxygénés de l'ingénue livrent au vent leurs mèches ondulées. Elle crie, en retenant son chapeau, et je vois, entre ses sourcils et ses cheveux, au long de la tempe, une ligne rouge mal essuyée — le rouge d'hier soir...

Que n'ai-je la force de détourner les yeux, quand les caleçons de la duègne bravent la lumière, des caleçons cachou plissés sur des bottines de drap ! Et quel mirage me ferait oublier le faux col de notre jeune premier, blanc gris, avec une ligne de « fond de teint » ocre dans le haut... La pipe du comique, sa grasse pipe juteuse, le mégot du second régisseur, le ruban violet, noirâtre, de l'accessoiriste, la barbe déteinte et coagulée du père noble, quel rideau féerique de fleurs et de plantes mouvantes me les cachera ? Ah ! qu'on les voit bien, dans « la ville où on ne joue pas » !

Et moi-même, hélas !... Je n'ai pas passé si vite devant la vitrine de l'horloger que le miroir ne m'ait montré mes secs cheveux ternes, et ces deux ombres tristes sous les yeux, et la bouche sèche de soif, et la taille veule sous le tailleur marron dont les basques molles se soulèvent et retombent... J'ai l'air d'un hanneton découragé, battu par la pluie d'une nuit de printemps... J'ai l'air d'un oiseau déplumé... J'ai l'air d'une gouvernante dans le malheur... J'ai l'air... mon Dieu, j'ai l'air d'une actrice en tournée, et c'est assez dire...

Voici le parc promis. La récompense valait bien cette longue promenade traînassante sur des pieds fatigués de rester chaussés dix-huit heures par jour... Un parc profond, un château endormi, toutes persiennes closes, au milieu d'une pelouse, des avenues d'arbres au maigre et tendre feuillage à peine déroulé, des jacinthes sauvages et des coucous…

Comme on tressaille malgré soi en étreignant, sous des doigts chauds, une fleur vivante, froide dans l'ombre, raidie d'une vigueur neuve !… Une lumière tamisée, clémente aux visages meurtris, impose la détente et le silence. Un souffle vif descend soudain du faîte des arbres, court dans l'allée en pourchassant des brindilles et se perd devant nous comme un fantôme malicieux…

Nous nous taisons — pas assez longtemps.

— Ah ! la campagne !… soupire l'ingénue.

— Oui… Si on s'asseyait ? propose la duègne. Les jambes me rentrent.

Au pied d'un hêtre satiné, nous nous reposons, errants sans gloire et sans beauté. Les hommes fument, et les femmes tournent les yeux vers les issues bleues de l'allée, vers un bouquet ardent de rhododendrons couleur de braise, épanoui sur un gazon proche…

— Moi, la campagne, ça me vanne, dit le comique en bâillant. Ça me fiche un sommeil !…

— Oui, mais c'est une fatigue saine ! décrète la duègne.

L'ingénue hausse ses épaules dodues :

— Une fatigue saine ! vous me faites suer ! Rien ne vieillit une femme comme de vivre à la campagne, c'est connu !

Le second régisseur retire sa pipe, crache, et commence :

— Une impression de mélancolie qui n'est pas sans grandeur, se dégage de...

— Ta bouche !... gronde tout bas le jeune premier, qui consulte sa montre comme s'il craignait de manquer une entrée.

Un grand garçon mou et pâle, qui joue les utilités, regarde marcher un petit « bousier » cuirassé d'acier bleu, et le taquine du bout d'une paille...

Je respire avec application, pour chercher et rappeler des odeurs oubliées, qui montent à moi comme du fond d'un puits frais. Il y en a qui m'échappent et dont je ne sais plus les noms...

Aucun de nous ne rit, et si la grande coquette fredonne, c'est un petit air si rompu, si dolent... Nous ne sommes pas bien ici, tout y est trop beau !

Un paon familier paraît, au bout de l'avenue, et derrière l'éventail qu'il déploie, nous nous apercevons que le ciel devient rose... Le soir va venir. Le paon marche lentement de notre côté, comme un gardien courtois chargé de nous évincer. Oh ! oui, allons-nous-en... Mes compagnons courent presque, à présent...

— Voyez-vous que nous le rations, mes enfants !...

Nous savons bien, tous, que nous ne manquerons pas le train. Mais nous fuyons le beau jardin, le silence et la paix, la noble oisiveté, la solitude dont nous sommes indignes. Nous courons vers l'hôtel, vers la loge étouffante et la rampe qui aveugle. Nous courons, pressés, bavards, avec des cris de volailles, vers l'illusion de vivre très vite, d'avoir chaud, de travailler, de ne penser guère, de n'emporter avec nous ni regret, ni remords, ni souvenir…

ON ARRIVE, ON RÉPÈTE

Vers onze heures, nous arrivons à X..., une grande ville (peu importe le nom) où on ne paye pas mal, où on travaille beaucoup ; le public, gâté, veut les « grands numéros » tout de suite après Paris... Il pleut : une de ces pluies de printemps, tièdes, qui donnent sommeil et ramollissent les jarrets.

Le déjeuner lourd, la fumée de la brasserie — après la nuit passée dans le train — font de moi la bête la plus rechignée, qui boude au travail de l'après-midi. Mais Brague ne badine pas :

— « Grouille-toi le mou », allons ! La répétition est à deux heures.

— La barbe ! Je rentre à l'hôtel, et je dors ! Et puis je ne veux pas que tu me parles sur ce ton-là !

— Excusez, princesse. Je voulais simplement vous prier d'avoir l'extrême bonté de vous « manier le pète ». Les plâtres nous attendent.

— Quels plâtres ?

— Ceux de l'établissement. On jouera à la fraîche, ce soir.

J'oubliais. Nous étrennons un music-hall nouveau, qui s'appelle l' « Atlantic », ou le « Gigantic », ou l' « Olympic », — un nom de paquebot. Trois mille places, un bar américain, des attractions au promenoir pendant les entr'actes, un orchestre de tziganes dans le hall... Nous lirons ça demain dans les journaux ; pour nous autres, ça ne change rien, sauf que nous sommes sûrs de tousser dans les loges, parce que le calorifère neuf chauffera trop ou parce qu'il ne chauffera pas assez.

Je marche derrière Brague, qui se fraye un chemin à coups de coude sur l'avenue du Nord, encombrée d'employés et d'ouvrières qui se rendent, comme nous, à leur usine. Un piquant soleil de mars fait fumer la pluie, et mes cheveux défrisés pendent, comme dans le bain de vapeur. Le pardessus de Brague, trop long, lui bat les mollets et se crotte à chaque pas. À nous regarder, nous valons dix francs par soirée, Brague pas rasé et moucheté de boue, moi ivre de sommeil et coiffée en skye-terrier...

Je me laisse guider par mon camarade, et je remâche, à demi assoupie, des chiffres consolants :

— La répétition marquée pour deux heures ; donc, on peut compter sur quatre heures et demie... Une heure et demie ou deux heures de répétition avec l'orchestre, ça nous met à sept heures à l'hôtel ; la toilette, le dîner ; on retourne à la boîte à neuf heures ; on est rhabillée à minuit moins le quart ; le temps de boire une citronnade à la brasserie... Eh ! mon Dieu, faisons-nous une raison : dans dix petites heures, je serai dans un lit, avec le droit d'y dormir jusqu'au déjeuner du lendemain ! Un lit, un lit bien froid, bien tendu, avec la boule en caoutchouc tout au fond, molle sous les pieds comme un ventre de bête chaude...

Brague tourne à gauche, — je tourne à gauche ; il s'arrête court, — je m'arrête court.

— Mon Dieu ! s'écrie-t-il, c'est pas possible !

Réveillée, je juge, d'un coup d'œil, que ce n'est, en effet, pas possible...

Des tombereaux, chargés de sacs de plâtre, barrent la rue. Un échafaudage masque un édifice pâle, indécis, comme à peine figé, et des maçons moulent en hâte des femmes nues, des couronnes de laurier et des guirlandes Louis XVI, au-dessus d'un porche noir d'où s'échappe un tumulte de marteaux, de cris confus, de scies, comme si tous les Niebelungen y forgeaient ensemble.

— C'est là ?

— C'est là.

— Tu es sûr, Brague ?

Je reçois, en réponse, un foudroyant coup d'œil — que mérite seul l'imprévoyant architecte de l'Olympic...

— Je voulais dire : tu es sûr qu'on répète ?

On répète. Cela passe la vraisemblance, mais on répète. Nous franchissons, sous une pluie collante de plâtre liquide, le porche noir ; nous sautons par-dessus les rouleaux de tapis qu'on cloue et dont la royale pourpre se marque, à mesure, de semelles boueuses. Nous escaladons, par delà la scène, l'échelle provisoire qui conduit aux loges d'artistes, — nous revenons, effarés, assourdis, à l'orchestre.

Une trentaine d'exécutants s'y démènent. On entend des bouffées de musique pendant les accalmies des marteaux. Au pupitre du chef, un être maigre, chevelu, barbu, bat des bras et de la tête, les yeux vers les frises, avec la sérénité extasiée des sourds...

Nous sommes là une quinzaine de « numéros », ahuris, découragés d'avance. Nous ne nous connaissons pas, mais nous nous reconnaissons. Il y a le diseur à huit francs le cachet, celui qui s'en fiche, et qui dit :

— Qu'est-ce que vous voulez que ça me f... ? Je suis engagé à partir de ce soir, je touche à partir de ce soir.

Il y a le comique à gueule chafouine d'avoué, qui parle de « juridiction » et qui entrevoit « un procès très intéressant ».

Il y a la famille allemande — trapèze et jeux icariens — sept hercules à figure d'enfant, craintifs, étonnés, déjà soucieux à cause du chômage possible...

Il y a la petite « tour de chant », celle « qui n'a pas de chance », celle qui a toujours « des embêtements avec la direction », celle à qui on a volé « pour vingt mille francs de bijoux », le mois dernier, à Marseille ! C'est elle aussi, naturellement, qui a perdu sa malle de costumes en route, et qui a eu « des mots » avec la patronne de l'hôtel...

Il y a même, sur le plateau, un extraordinaire petit homme, usé, les joues fendues de deux grands plis ravinés, un « ténor à voix » d'une cinquantaine d'années, vieilli dans quelles lointaines provinces ? Indifférent au bruit, il répète — implacablement.

À chaque instant, il ouvre les bras pour interrompre l'orchestre et court, de la contrebasse aux timbales, penché sur la rampe. Il a l'air d'un vieil oiseau méchant qui se berce sur la tempête. Il chante, — il pousse de longs cris métalliques et malveillants, — il exhume un répertoire désuet où, tour à tour, il incarne Pedro le bandit, le léger chevalier qui abandonne Manon, le fou qui ricane sinistrement, la nuit, sur la lande… Il me fait peur, mais il égaye Brague, revenu à son fatalisme de nomade.

Mon camarade fume, à la faveur du désordre, la « cibiche » défendue, et prête maintenant une oreille amusée au « phénomène vocal », une dame brune qui file des contre-*mi* presque insaisissables :

— Elle est crevante, pas ? Elle me fait comme si je l'écoutais chanter par le gros bout de la lorgnette.

Son rire nous gagne ; un mystérieux réconfort naît et se propage ; nous sentons venir la nuit, l'heure des lampes, l'heure véritable de notre réveil, de notre gloire…

— *Ananké !* s'écrie soudain le comique processif et lettré. Si on joue, on joue ; et si on ne joue pas, on ne joue pas !

D'un saut de danseur, il franchit la bordure d'une avant-scène et s'en va donner un coup de main aux électriciens. La « pas-de-chance » croque des bonbons anglais avec les sept hercules…

Je n'ai plus sommeil, je m'installe sur un ballot de linoléum roulé, côte à côte avec le « phénomène vocal » qui me tire les cartes. Encore une heure sans pensée, sans soucis, sans projets…

Obtus et gais, privés d'instinct et de prévoyance, nous ne sentons venir ni le lendemain, ni le malheur, ni la vieillesse, — ni la faillite du bel « établissement » trop neuf, qui sonnera très exactement dans un mois, juste le jour de la « Sainte-Touche ! »

LE MAUVAIS MATIN

Aucun de nous quatre ne trouve grâce devant la lumière qui tombe du vitrage, verticale et froide comme une douche. Il est neuf heures du matin. — l'aube des gens qui se couchent tard. Se peut-il qu'il y ait, à quelque deux kilomètres d'ici, un lit chaud, une tasse où fume encore un peu de thé parfumé ?... Il me semble que je ne me recoucherai plus jamais. Cette salle de répétitions, qui connaît nos rendez-vous matinaux et rechignés, me désole.

— Aââh !... bâille tout haut la belle Bastienne.

Le mime Brague lui jette un regard féroce, qui réplique : « C'est bien fait ! » Il est pâle et mal rasé ; mais la belle Bastienne, affalée, tassée dans un manteau-guérite, apitoierait tout autre qu'un camarade, avec ses bourrelets roses sous les yeux et ses oreilles exsangues. Le compositeur Palestrier, blafard, le nez mauve, joue le poivrot qu'on a oublié la nuit au poste. Et moi... Seigneur ! ce coup de sabre au long de la joue, ces mèches en foin défrisé, cette peau que le sang paresseux déserte... On croirait que nous étalons, que nous exagérons notre disgrâce par une sorte de sadisme stupide. « C'est bien fait ! » dit le coup d'œil de Brague, qui cingle ma joue creusée. Et le mien lui répond : « Tu en es un autre ! »

Nous flânons, au lieu d'abréger la répétition de notre mimodrame. Palestrier raconte pâteusement des histoires qui sont peut-être drôles, mais la cigarette éteinte qu'il mâche communique à ses paroles une redoutable odeur. Le poêle de la salle ronfle et ne chauffe pas encore ; nous épions tous la petite fenêtre de mica, comme des sauvages transis espérant le lever splendide de l'astre…

— Avec quoi qu'ils chauffent, je me le demande ? hasarde Palestrier, rêveur. Peut-être avec des bûches en papier de journal qu'on serre dans du fil de fer. Je sais faire ça, moi. J'ai appris, l'année de mon prix du Conservatoire, chez une vieille dame qui me collait trois francs pour y jouer des valses… Des fois, je m'amenais chez elle : « Nous ne ferons pas de musique aujourd'hui, qu'elle faisait : ma chienne est énervée et le piano l'agace ! » Alors elle m'invitait à fabriquer sa provision de chauffage, tout journal et fil de fer. C'est elle aussi qui m'a enseigné à encaustiquer les cuivres ; j'ai pas perdu mon temps avec elle. À cette époque-là, pourvu que je bouffe, j'aurais tondu les chiens et coupé les chats…

Il contemple dans le carré de mica ardent sa jeunesse indigente, le temps où son talent se débattait au fond de lui comme une noble bête affamée. Elle est si vivante devant lui, sa jeunesse hâve et creuse, qu'il reprend, pour l'évoquer, la voix traînante et grasse, la savoureuse syntaxe du faubourg, et qu'il enfonce ses mains dans ses poches, en frissonnant des épaules…

Ce dur matin d'hiver nous trouve sans courage, sans élan vers l'avenir. Rien ne veut fleurir ni brûler en nous sous ce jour de neige sale. L'heure, le froid, le mauvais réveil, une mal'aria éphémère nous rejettent, voûtés et craintifs, vers ce qu'il y a de plus misérable, de plus humilié dans notre passé...

— C'est comme moi, dit soudain Brague. Bouffer... les gens qui ont toujours eu de quoi ne se figurent pas ce que c'est. Je me souviens d'un moment où j'avais encore crédit chez le bistro, mais plus moyen d'avoir du bricheton... Quand j'avalais mon verre de vin rouge, j'aurais pleuré rien qu'à l'idée d'un petit croûton frais pour tremper dedans...

— C'est comme moi... continue la belle Bastienne. Quand j'étais toute gosse, quinze, seize ans, je tombais faible le matin, à la leçon de danse, parce que je ne mangeais pas assez. La maîtresse de ballet me demandait si j'étais malade, mais je crânais et je lui répondais : « C'est mon amant, madame, qui m'a fatiguée ! » Un amant ! comme si j'avais su ce que c'était ! Elle levait les bras au ciel : « Ah ! vous ne le garderez pas longtemps, mon enfant, votre port de reine ! Mais qu'est-ce que vous avez toutes dans le corps ? » Ce que je n'y avais pas, c'était une bonne assiettée de soupe chaude, oui !...

Elle parle lentement, avec une sagesse appliquée, comme si elle épelait ses souvenirs. Assise, les genoux écartés, la belle Bastienne s'écrase dans une posture de ménagère qui surveille la marmite. Son « port de reine » et son hardi sourire, elle les a rejetés comme des accessoires de scène...

Un accord plaqué, une gamme où s'accrochent des doigts gourds, nous émeuvent d'un frisson superficiel. Il va falloir quitter ma pose d'animal hibernant, tête penchée sur l'épaule, mains mêlées et recroquevillées comme de frileuses pattes... Je ne dormais pas. Je reviens, comme mes camarades, d'un rêve amer. La faim, la soif... ce doit être un supplice simple et complet, qui occupe toutes les heures, qui ne laisse pas de place à d'autres tourments... Il empêche de penser, il substitue à toute autre image celle d'un mets odorant et chaud — l'espoir, grâce à lui, ce n'est rien d'autre qu'un pain rond, dans une gloire de rayons...

Brague est debout le premier. Les rudes conseils, les invectives nécessaires font, en s'échappant de ses lèvres, un bruit familier. Que de laides paroles autour d'un beau geste !... Combien d'essais et d'échecs, sur ces trois visages de mimes où l'effort pose un masque tôt brisé ! Les mains obligées à parler, les bras un instant éloquents semblent se rompre soudain et font de nous, en retombant sans force, des statues mutilées...

Il n'importe. Le but, difficile à atteindre, n'est pas inaccessible. Nos paroles, de moins en moins pressées, se détachent de nous comme les fragments d'une gangue ingrate. Chargés d'un devoir plus subtil que ceux qui déclament les alexandrins ou échangent les répliques d'une prose vive, nous avons hâte d'écarter de nos muets dialogues la parole — l'obstacle grossier qui nous sépare du silence, du silence parfait, rythmé, limpide, orgueilleux de tout exprimer et qui ne reconnaît d'autre appui, d'autre frein, que la seule Musique…

LE CHEVAL DE MANÈGE

— La loge 17, c'est par ici ?

— …

— Merci beaucoup, madame. Quand on arrive du dehors, on est ébloui par le noir, dans ce corridor… De cette affaire-là, nous sommes voisines de loge ?

— …

— Ce n'est pas épatant, c'est vrai, mais j'ai vu plus mal comme loge d'artiste. Oh ! ne vous donnez pas la peine : je peux la tirer toute seule, ma malle à costumes. D'ailleurs, mon mari va venir : il est avec ces messieurs de la direction. Vous l'avez gentiment arrangée, votre loge, madame. Ah ! voilà votre affiche ! Je l'ai aperçue sur les murs en venant de la gare. Une affiche en pied et en trois couleurs, c'est toujours très bien. C'est vous la dame des chiens détectives.

— …

— Ah ! pardon, je confondais… La pantomime, c'est aussi très intéressant. C'est même là dedans que j'ai débuté, avant de faire des poids. Quand j'y pense !… J'avais un petit tablier rose à poches, des escarpins, un genre soubrette, enfin. On ne se foule rien, au moins, dans la pantomime. La main sur le cœur, le doigt au coin de la bouche, et puis comme ça pour dire « Je t'aime ! » et puis on salue… Hein ?… Mais je me suis mariée tout de suite, et en avant le travail sérieux !

— … ?

— Oui, je fais des poids. Je n'ai pas l'air parce que je suis petite, n'est-ce pas ? Je trompe mon monde : vous verrez ça, ce soir. Nous sommes « Ida et Hector », vous connaissez bien ? Nous sortons de faire Marseille et Lyon, en remontant de Tunis…

— … !

— De la chance ? Parce que nous venons de faire quinze jours à Tunis ? Je ne vois rien de bien chanceux là dedans ; j'aime mieux faire Marseille et Lyon, ou encore Saint-Étienne… Hambourg, tenez, voilà encore une ville ! Naturellement, je ne parle pas des grandes capitales, comme Berlin et Vienne, qui sont aussi ce qu'on peut appeler des villes, au point de vue des établissements de premier ordre.

— … ?

— Pour sûr que nous avons vu du pays ! Vous me faites rire, à dire ça d'un air d'envie ! Pour les voyages, je vous céderais volontiers ma part, et sans regrets !

— … ?

— Ce n'est pas que j'en aie assez, c'est que je n'ai jamais aimé ça. Je suis d'une nature très tranquille. Mon mari, Hector, aussi. Mais, n'est-ce pas, nous sommes un numéro à deux personnes seulement, et tout ce que nous pouvons espérer, c'est trois semaines dans la même ville, un mois au plus, malgré que notre numéro est très joli, très bien présenté : Hector, avec ses exercices en souplesse, moi, mes poids, et une valse-tourbillon spéciale, un genre très nouveau, pour finir... Alors — qu'est-ce que vous voulez ? — on voyage, c'est la vie...

— ... ?

— Décidément, c'est Tunis qui vous tient ! Et je me demande pourquoi, vu que l'établissement n'a rien de rare !

— ... !

— Ah ! c'est pour voir la ville ? et les environs aussi ? Si c'est votre idée... Moi, je ne peux guère vous renseigner : je n'ai pas vu grand'chose.

— ... !

— Oh ! j'ai été un peu ici, un peu là... C'est une assez grande ville. Il y a beaucoup d'Arabes. Il y a des petites boutiques — les *souks*, qu'ils disent — dans des rues couvertes ; mais c'est mal entretenu, c'est trop l'un sur l'autre, et puis il y a beaucoup de pouillerie là dedans. Moi, ça me donnait toujours la démangeaison d'y faire un grand nettoyage, et d'en jeter la moitié, de tout ce qu'on vend, des tapis qui ne sont même pas neufs, des poteries fendues, enfin c'est tout d'occasion, quoi. Et les enfants, madame ! Des tripotées d'enfants, à même par terre, et à moitié nus ! Et les hommes donc ! Des beaux hommes, madame, qui se promènent, pas pressés, avec un petit bouquet de roses ou de violettes dans la main, ou même dans le coin de l'oreille, comme des danseuses espagnoles !... Et personne ne leur fait honte.

— … ?

— La campagne ? je ne sais pas. C'est comme ici. Il y a de la culture. Quand il fait beau, c'est gentil.

— … ?

— Des plantes comment ? exotiques ? Ah ! oui, comme à Monte-Carlo ? Oui, oui, il y a des palmiers. Et puis des petites fleurs que je ne sais pas les noms. Et puis beaucoup de chardons. Les gens de là-bas, ils les cueillent, et ils les enfilent sur des épines, sous prétexte que ça sent l'œillet blanc. Œillet blanc si vous voulez, mais moi, les odeurs, ça me fait mal à la tête.

— … ?

— Non, je n'ai rien vu autre chose... Qu'est-ce que vous voulez ? Nous, nous avons notre travail qui passe avant tout. Mon entraînement du matin, d'abord, et puis la friction, et puis la toilette, et nous voilà à l'heure du déjeuner... Le café et les journaux, et puis je me mets à l'ouvrage : vous croyez que ce n'est rien d'entretenir deux personnes, linge de corps et tout, sans compter les maillots et les costumes de scène ? Je ne souffrirais pas une tache, ni un point de décousu, je suis comme ça. Entre Saint-Étienne et Tunis, je me suis fait six chemises et six pantalons, et j'aurais eu la douzaine si Hector ne s'était pas avisé d'avoir besoin de gilets de flanelle... Et puis, c'est la loge à tenir propre, c'est la chambre d'hôtel à ranger, les comptes à écrire, l'argent à envoyer à la banque. Je suis très méticuleuse.

— …

— Tenez, vous qui me parlez de voyage, tenez, Bucarest ! Jamais une ville ne m'a donné autant de tourment. On avait remis à neuf l'établissement, et les plâtres suaient. Le soir, avec le chauffage et la lumière, les murs de la loge coulaient en eau. Je m'en suis aperçue tout de suite ; sans quoi, qu'est-ce qu'ils auraient pris, nos costumes de scène ! Alors, tous les soirs, à minuit, il fallait me voir trimballer mes deux robes à paillettes, mes robes de la valse-tourbillon, une dans chaque main, sur des cintres portemanteaux ! Et je les rapportais tous les jours à neuf heures. Vous pensez, je ne pouvais pas emporter un bon souvenir de cette ville-là !

— … ?

— Laissez-moi donc, avec vos voyages ! Vous ne me ferez pas changer d'avis là-dessus, et j'en ai vu, des pays ! Toutes les villes du monde, c'est la même chose ! Il y a toujours : premièrement, un music-hall pour travailler ; deuxièmement, une brasserie munichoise pour manger ; troisièmement, un mauvais hôtel pour coucher. Quand vous aurez fait le tour du monde, vous penserez comme moi. Ajoutez à ça qu'il y a des vilaines gens partout, qu'il faut savoir garder ses distances, et qu'on peut s'estimer heureux quand on se rencontre, comme aujourd'hui, entre personnes qui savent causer et qui sont de bonne société.

— … !

— Mais pas du tout ! c'est sans flatterie. Au revoir, madame, jusqu'à ce soir ! Après votre numéro, j'aurai le plaisir de vous présenter mon mari, qui sera enchanté, comme moi, de faire votre connaissance.

L'OUVROIR

C'est une petite loge au troisième étage, un cabinet en coup de fusil dont l'unique fenêtre donne sur une ruelle. Un radiateur surchauffé y dessèche l'air, et chaque fois qu'on ouvre la porte, l'escalier en spirale envoie, comme un tuyau de cheminée, toute la chaleur des étages inférieurs, et l'odeur humaine d'une soixantaine de figurantes, et celle, plus terrible, d'un réduit tout proche...

Elles tiennent cinq là dedans, avec leurs tabourets de paille, entre la planche à maquillage et le portemanteau, fermé d'un rideau grisâtre, qui protège les costumes de la revue. Elles vivent là, de sept heures et demie à minuit vingt, le soir, et, deux fois par semaine, d'une heure et demie à six heures. Anita est la première qui franchit le seuil, essoufflée, les joues froides et la bouche humide. Elle recule et dit :

— Seigneur, on ne peut pas y tenir, ça tourne le cœur !

Puis elle s'habitue, tousse un peu, et n'y pense plus, parce qu'elle a juste le temps de se dévêtir et de se maquiller... La robe, la chemisette, cela s'enlève plus vite qu'une paire de gants, cela s'accroche n'importe où. Mais il y a un moment où la hâte se ralentit, où l'insouciance se fait grave ; Anita retire les longues épingles de son chapeau, les repique avec soin dans les mêmes trous, et protège religieusement, sous les quatre coins rabattus d'un vieux journal déployé, cet édifice voyant et pauvre qui participe de la couronne de Peau-Rouge, du bonnet phrygien et de la salade. La poudre grasse qui s'envole en nuages des houppes secouées, c'est — tout le monde sait ça ! — la mort au velours et aux plumes...

Wilson, la seconde, entre d'un air absent, mal éveillée :

— Dis donc... Flûte ! je voulais te dire quelque chose... Je l'ai mangé en route.

Elle ôte son chapeau selon les rites, puis soulève sur son front un bandeau de cheveux blonds qui cache une cicatrice mal fermée :

— Tu ne peux pas savoir comme ça m'élance encore dans la tête...

— C'est bien fait, interrompt Anita d'un ton sec. Quand on reçoit un décor sur la « cafetière », et que ça se passe chez des directeurs assez dégoûtants pour vous donner campo moyennant deux sous d'éther sur une compresse d'eau froide — même pas quarante sous pour le sapin, même pas cent sous pour le médecin ! — quand on reste huit jours à moitié claquée à la taule, et qu'on n'a pas l'amour-propre de faire un procès à la direction, on ne se plaint pas, on se tait ! Ah ! si c'était moi !...

Wilson ne répond pas, occupée à détacher, la figure tirée de côté, un cheveu d'or qui s'était méchamment collé à sa plaie. D'ailleurs on n'a pas besoin de répondre à Anita, anarchiste et furibonde de naissance, toujours prête à « porter plainte » et à « aller trouver les journaux ».

Simultanément entrent Régine Tallien, que sa silhouette de petite bonne rondelette, pourvue abondamment devant et derrière, voue à l'emploi des pages et des « travestis de style », Maria Ancona, si brune qu'elle se croit réellement Italienne, et la petite Garcin, comparse effacée, inquiétante, tout en regards noirs un peu faux, un peu peureux, et plate comme une chatte maigre.

Elles ne se disent pas bonjour, elles se voient si souvent. Elles ne sont pas rivales, puisque toutes, sauf Maria Ancona qui danse un bout de tarentelle, végètent dans la figuration. Ce n'est pas son « rôle » que la petite Garcin envie à Maria Ancona, mais bien plutôt son tour de cou en renard teint, tout neuf. Elles ne sont pas amies non plus, et pourtant il leur vient, à se sentir au complet, bien serrées et étouffées dans l'étroite cabine, une sorte de satisfaction animale, une gaieté de captives. Maria Ancona chante, en défaisant ses jarretelles qui tiennent par des épingles anglaises, son corset au lacet rompu. Elle rit de voir sa chemise crevée sous le bras, et réplique à Régine Tallien, qui montre le linge festonné, le solide corset de coutil des servantes sages :

— Qu'est-ce que tu veux, ma chère, moi j'ai un tempérament d'artiste !… Et puis, si tu crois que je peux garder des chemises fraîches, avec cette saleté d'armure en zinc !

— On fait comme moi, glisse doucement la petite Garcin, on n'en met pas, de chemise.

Elle est vêtue d'un caleçon treillagé, or et perles, et de deux rondelles en métal ajouré collées sur sa gorge absente. Les bords coupants des pendeloques de perles, le cuivre découpé à l'emporte-pièce, les chaînettes cliquetantes, tout cela griffe, sans qu'elle y prenne seulement garde, sa nudité sèche et comme insensible.

— Avec ça, crie Anita, que la direction ne devrait pas nous fournir des chemises pour porter à la scène ! Mais vous êtes bien trop poires pour réclamer ce qu'on vous doit !

Elle tourne vers ses compagnes son maquillage inachevé, un masque blanc à lunettes rouges, qui lui donne un air féroce de guerrier polynésien : elle noue sur sa tête, tout en prêchant, les coins d'une loque de soie crasseuse — le reste innommable d'un « foulard à perruque » destiné à protéger ses cheveux contre la brillantine des postiches de scène.

— C'est comme ce torchon que j'ai sur la « cafetière », poursuit Anita ; oui, oui, vous pouvez crier qu'il vous dégoûte, je-ne-le-chan-ge-rai pas ! La direction m'en doit un, et il peut bien tomber pourri, je ne le remplacerai pas ! Mon droit, je ne connais que ça !

Sa rage anarchiste, d'ailleurs toute verbale, n'entraîne personne, et la petite Wilson blessée, elle-même, hausse les épaules.

L'heure marche ; la sécheresse irrespirable s'aggrave d'une odeur de dortoir chaud. De temps en temps une habilleuse pénètre de biais dans la loge et circule on ne sait comment, agrafant, nouant les cordons d'un maillot, les lacets d'une bottine grecque. Régine Tallien, Wilson ont déjà couru, hallebarde en main, vers un défilé Renaissance. Anita se hâte derrière Maria Ancona, parce qu'une voix appelle, dans l'escalier : « Ces dames de la tarentelle, faut-il que je monte les chercher ? »

La petite Garcin, dont on réserve la grâce insexuée pour une « fête à Byzance », reste seule. Elle tire de son réticule sordide le dé, les ciseaux, un ouvrage de lingerie commencé et se met à coudre, juchée sur le tabouret de paille, avec une attention gourmande…

— Oh ! s'écrie Maria Ancona, qui revient haletante, elle est déjà installée, celle-là !

— Naturellement ! appuie jalousement Anita, pour ce qu'elle a à fiche en scène !

Une galopade dans l'escalier, une sonnerie de timbre lointaine annoncent la fin du premier acte de la revue et ramènent Wilson, toujours un peu égarée et le front douloureux, Régine Tallien et sa rouge perruque de reître. La trêve quotidienne de l'entr'acte, au lieu de les détendre, semble les surexciter. Les maillots mi-partis, les jupes napolitaines s'envolent, remplacées par le peignoir de pilou, le kimono marbré de taches de fard. Des pieds nus, singulièrement pudiques, atteignent sous la planchette, à tâtons, d'informes savates, et les mains blanches et rouges, soudain soigneuses, déroulent des linges pliés, des coupons de fausse dentelle… On se penche sur la « combinaison » inachevée de Maria Ancona, un cynique petit vêtement de prostituée pauvre, transparent, cousu à gros points maladroits. La petite Garcin plisse du linon avec une patience de souris, Régine « perd son temps » à ourler des mouchoirs !

Elles sont toutes les cinq assises sur les hauts tabourets de paille, affairées et sages comme si elles avaient atteint enfin le but véritable de leur journée. Elles ont une demi-heure à elles. Pendant une demi-heure elles se donnent la récréation d'être, en toute candeur, de jeunes femmes cloîtrées, qui cousent. Elles se taisent brusquement, comme apaisées par un charme, et Anita la criarde, qui ne pense plus à ses « droits », sourit mystérieusement à un chemin de table brodé de rouge... En dépit des peignoirs ouverts, des genoux qui se haussent, du rouge insolent qui fleurit leurs joues, elles ont les chastes dos penchés des ouvrières appliquées. Et c'est aux lèvres de la petite Garcin, nue dans son caleçon de perles, que monte, rythmée par l'aiguille, une involontaire chanson enfantine...

MATINÉE

— Tu vois, ceux-là, dans les chars à bancs ? et puis ceux-là dans les sapins ? et puis ceux-là dans les fiacres ?... Tu vois ceux-là, sur le pas des portes, en bras de chemise ? et ceux-là à la terrasse des cafés ?... Eh bien ! tout ça, c'est des gens qui ne jouent pas en matinée. Tu m'entends ?

— ... m'en fiche.

— Toi, tu joues en matinée.

— ... sse-moi tranquille, Brague ?

— Moi, je joue en matinée. Nous jouons en matinée... Le dimanche, et le jeudi aussi, on a matinée...

Je le giflerais, s'il ne fallait, pour cela, lever un bras. Il continue, impitoyable :

— Il y a aussi ceux qui ne sont pas là, ceux qui se sont carapatés hier soir à la campagne et qui ne rentreront que lundi. Ils sont sous les feuilles ou bien ils font trempette dans la Marne... Enfin ils font ce qu'ils font, mais... *ils ne jouent pas en matinée !*

À l'arrêt brusque de notre taxi, le vent sec qui cuisait nos visages tombe. Je sens le trottoir chaud, à travers mes semelles minces. Mon cruel camarade se tait et pince la bouche, avec l'air de dire : « Ça devient sérieux. »

L'entrée des artistes, noire, étroite, exhale encore une fraîcheur moisie. Le concierge y somnole, assis, et se réveille à notre passage pour brandir un journal :

— Trente-six degrés, hein !

Il nous jette ça, épouvanté et triomphant, comme le chiffre des morts d'une belle catastrophe. Mais nous passons, silencieux, ménagers de nos gestes et de nos paroles, jaloux d'ailleurs de ce vieil homme qui veille, dans un obscur paradis à relent de cave et d'ammoniaque, au seuil de notre enfer... Et puis, trente-six degrés, qu'est-ce que ça veut dire ? Trente-six, ou trente-six mille, c'est tout un. Nous n'avons pas de thermomètre là-haut, au second étage. Trente-six degrés à la tour Saint-Jacques ? Et chez nous, à la matinée d'aujourd'hui, combien ? Combien dans ma loge, qui a deux fenêtres, deux royales fenêtres exposées au midi et dépourvues de volets ?

— Y a pas ! soupire Brague en entrant dans sa cabine, nous devons être bougrement « supérieurs à la normale » ici !

Un regard morne, et qui ne supplie même pas, sur mes vitres qu'embrase le soleil ; puis je laisse tomber mes vêtements sans plaisir : ma peau n'espère plus, entre la fenêtre et la porte, le joli courant d'air coupant qui glaçait, le mois passé, mes épaules nues...

Un silence étrange règne dans nos cellules pleines. En face de la mienne, une porte ouverte permet que je voie les dos de deux hommes assis, en peignoirs de bain sales, muets et penchés sur la tablette à maquillage. L'ampoule électrique brûle au-dessus d'eux, rosâtre, anémique, dans la grande lumière de trois heures.

Une note aiguë, un cri perçant et prolongé monte des profondeurs du théâtre : il y a donc, en ce moment, sur la scène, une femme qui, corsetée, sanglée de l'étroite robe longue des romancières », accomplit ce prodige de sourire, de chanter, de lancer vers les frises ce si pointu qui fait qu'on songe, la langue rêche de soif, à des citrons écorchés, à des groseilles mi-mûres, à toutes les choses acides, fraîches, vertes…

Quel soupir répond au mien, venu d'une loge voisine ! soupir tragique, presque sangloté… C'est celui, à coup sûr, de cette enfant mal remise d'une fièvre muqueuse, une « tour-de-chant » débile, que la chaleur furieuse épuise et qui se remonte avec des absinthes glacées…

Une huile trouble, qui fleure le vieux pétrole : c'est ma vaseline, méconnaissable. Une crème couleur de beurre douteux : voilà ce qu'est devenu mon blanc-gras. Le contenu du pot de rouge, liquéfié, pourrait servir à masquer, comme disent les cuisiniers, quelques « pêches cardinal »…

Tant bien que mal, me voici ointe de ces graisses multicolores, et poudrée. J'ai le temps de contempler, avant l'heure de la pantomime, mon visage où reluisent, sous le soleil, les couleurs mêlées du pétunia violet, du bégonia, du volubilis bleu sombre… Mais l'énergie de remuer, de marcher, de danser et de mimer, où la prendre ?…

Le soleil tourne un peu et quitte l'une de mes deux fenêtres, que j'ouvre grande ; mais l'accoudoir brûle mes paumes et l'impasse sent le melon pourri, le ruisseau sec... Deux femmes en cheveux ont planté leurs chaises au milieu de la chaussée et renversent la tête vers l'azur poudreux, comme des bêtes qu'on noie...

Un pas hésitant monte l'escalier ; je me détourne pour voir surgir, au palier, une danseuse fluette costumée en Peau-Rouge : elle est pâle malgré le fard, avec des tempes noires de sueur. Nous nous regardons sans parler ; puis elle soulève vers moi un pan de son costume brodé, alourdi de verroteries, chargé de cuir en rubans, de métal et de perles, et murmure en rentrant dans sa loge :

— Et avec ça, il pèse dix-huit livres !

Le timbre qui nous appelle sur le plateau trouble seul le silence. Je rencontre dans l'escalier des machinistes dépoitraillés et muets ; des figurantes en robes andalouses traversent le foyer sans autre salut qu'un coup d'œil féroce à la grande glace. Brague, à la torture dans le drap noir de sa courte veste et de sa longue culotte espagnoles, sifflote encore, par fierté, « pour n'avoir pas l'air de clamecer comme les autres ! » Un énorme garçon, rond comme un muid, dans son costume de cabaretier, suffoque et m'épouvante : s'il allait mourir en scène...

Et pourtant, les forces mystérieuses de la discipline, du rythme musical, l'orgueil enfantin et noble de paraître beaux, de paraître forts, nous soulèvent, nous conduisent... Vraiment, nous jouons comme d'habitude ! Le public, prostré, invisible dans la salle éteinte, ne verra rien de ce qu'il doit ignorer : le halètement rapide qui dessèche nos poumons, l'eau qui nous inonde et noircit la soie de nos costumes, la moustache de sueur et de poudre collée, qui virilise si mal à propos ma lèvre supérieure ; il ne verra pas, dans le visage exténué de son comique favori, le regard égaré, enragé, l'envie de mordre ; il ne devinera pas, surtout, qu'une horreur nerveuse me soulève, à ne rencontrer, à ne palper que des mains, des bras, des joues, des nuques mouillées ! Des manches humides, des cheveux collés, des verres poissés, des mouchoirs en éponges molles... Et moi-même...

Le rideau tombé, nous nous séparons vite, comme honteux, pauvre troupeau fumant que nous sommes... Nous nous hâtons vers la rue, aspirant au soir sec et poussiéreux, vers l'illusion de la fraîcheur que verse une lune déjà haute, épanouie, chaude et dédorée...

L'AFFAMÉ

Il joue, dans la pièce que nous emportons en tournée, le viveur du premier acte ; une perruque de chanvre roux et un tablier blanc, au « trois », le déguisent en garçon de restaurant.

Quand nous prenons le train, au petit matin, ou la nuit — la tournée est dure : trente-trois villes en trente-trois jours — il arrive en retard, toujours courant, de sorte que je ne connaissais de lui qu'une mince silhouette en paletot flottant, tout agitée par la course. Le régisseur et les camarades levaient les bras et lui criaient :

— Allons ! Gonsalez, bon Dieu ! un de ces jours, tu vas le rater pour de bon !

Il s'engouffrait, comme porté par un coup de vent, dans le wagon de seconde béant, et je n'avais jamais eu le temps de voir sa figure.

Seulement, l'autre jour, en gare de Nîmes, comme je m'écriais : « Ça sent la jacinthe ! Qui est-ce qui sent la jacinthe ? » il a eu un gentil geste gêné pour me tendre le petit bouquet anémique qui fleurissait sa boutonnière.

Depuis ce jour-là, je fais attention a lui, je lève les bras, comme les autres, quand il arrive en retard à la gare, je crie avec tout le monde : « Allons ! bon Dieu, Gonsalez ! » et je reconnais sa figure.

Une pauvre figure, d'une pâleur bilieuse, comme si son « fond-de-teint » lui était entré dans la peau. Des creux, des saillies — les pommettes sortent, les joues rentrent — trop de sourcils, la bouche mince et le menton têtu...

Mais pourquoi ne quitte-t-il jamais son long paletot, jauni aux épaules par les soleils et les pluies de l'autre année ? Un coup d'œil aux chaussures me renseigne : Gonsalez produit au jour des croquenots lamentables, jadis vernis, dont le cirage, le cirage grisâtre des auberges de hasard, ne comble plus les craquelures. Les bottines m'obligent à songer au pantalon, mystérieux sous l'ample jupe du pardessus, et au faux col, heureusement à peine visible au-dessus d'une extraordinaire cravate noire à triple tour.

Les gants de fil, reprisés à gros points, ne me permettent pas d'espérer, chez le petit comédien, le « jemenfichisme » d'un jeune bohème : c'est bien la misère. C'est sûrement la misère, encore une fois : quand aurai-je fini de la rencontrer ? Voilà que je pense à ce garçon, que j'attends son arrivée essoufflée, — j'observe qu'il ne fume pas, qu'il n'a pas de parapluie, que son sac à main est une loque et qu'il guette discrètement, pour le ramasser quand je l'aurai lu et jeté, le journal que j'achète...

Averti par un pudique instinct, il s'occupe de moi, lui aussi : il me sourit franchement et serre, d'une main maigre et chaude, les doigts que je lui tends ; mais il s'inquiète, tout de suite, de disparaître et d'exister le moins possible. Il n'est jamais avec nous aux buffets des gares où nous déjeunons, et je ne me souviens pas d'avoir vu Gonsalez attablé, à côté de nos camarades les moins appointés, au « petit repas à un cinquante »… C'est ainsi qu'il disparut, à Tarascon, pendant l'heure où nous dévorions l'omelette à l'huile, le veau tiède et le poulet blafard. Il revint comme on nous servait le café à goût de buis ; il revint décharné, gai, léger — « J'ai été voir un peu les environs » — avec un œillet à la bouche et des miettes de croissant aux plis de son vêtement.

Je pense à ce garçon ; je n'ose pas me renseigner sur lui. Je lui tends des pièges enfantins :

— Vous prenez du café, Gonsalez ?

— Merci bien, ça m'est défendu. Les nerfs, vous savez…

— Vous n'êtes pas chic : c'est ma tournée aujourd'hui ; vous n'allez pas être le seul à refuser ?

— Du moment que vous en faites une question de camaraderie !…

En gare de Lourdes, j'achète deux douzaines de petites saucisses chaudes :

— Allons, les enfants ! Ne les laissez pas refroidir ! Gonsalez, au trot ! Vous allez encore les manquer ! Chopez vite ces deux-là avant qu'Hautefeuille saute dessus : il est bien assez gras comme ça !

Je le regarde manger avec une attention sournoise, comme si j'attendais un geste, un soupir gloutons, qui décèlent sa faim mal rassasiée... Enfin je me décide à demander négligemment à notre régisseur :

— Qu'est-ce qu'il gagne donc, Martineau ? Et puis... Chose, là, Gonsalez ?

— Martineau gagne quinze francs, parce qu'il joue dans le lever de rideau et dans la grande pièce ; Gonsalez touche douze francs par soirée, — on n'est pas une tournée de grands-ducs.

Douze francs... Voyons, que je fasse son compte. Il couche dans les boîtes à un cinquante ou deux francs la nuit. Dix sous au garçon de chambre — un café au lait problématique — deux repas à deux cinquante l'un dans l'autre... Mettons trente sous de plus par jour pour les omnibus, les tramways — et les boutonnières fleuries de Monsieur !... Eh bien, mais... il peut vivre, ce petit, il peut vivre très bien... Je me rassérène, je lui serre la main, ce soir, à l'entr'acte, comme s'il venait de faire un héritage ! Encouragé par l'ombre, par le maquillage qui déguise nos figures, il laisse échapper ce cri anxieux :

— Ça se tire, hein ? Plus que treize jours !... Ah ! une tournée qui durerait toute la vie, quel rêve !

— Vous aimez le métier tant que ça !

Il hausse les épaules.

— Le métier, le métier... évidemment, je l'aime assez, mais il m'en a fait voir de dures... Et puis, trente-trois jours, c'est court...

— Comment, court ?

— Court pour ce que je veux faire !... Écoutez...

Il s'assied soudain près de moi, sur un banc du jardin poussiéreux, qui attend la plantation du quatrième acte, et se met à parler, à parler comme s'il avait la fièvre :

— Écoutez... je peux bien vous dire, n'est-ce pas ?... Vous avez été gentille... enfin bien camarade pour moi... Il faut que je rapporte deux cent vingt francs.

— Où ?

— À Paris, si je veux manger... le mois qui vient et celui d'après. Je ne peux plus recommencer ce que j'ai supporté, je n'ai plus la santé qu'il faut.

— Vous avez été malade ?

— Malade, si vous voulez... La purée, c'est une sacrée maladie...

Il appuie, d'un geste professionnel, les deux index sur sa moustache postiche qui se décolle, et détourne de moi ses yeux creux, soulignés de bleu :

— Il n'y a pas de honte à ça... J'ai fait le Jacques, j'ai quitté mon père, qui est ouvrier brocheur, pour faire du théâtre, il y a deux ans. Alors, mon père m'a maudit...

— Comment ? Votre père vous a...

— ... Il m'a maudit, répète Gonsalez avec une simplicité théâtrale. Maudit, comme on maudit, quoi ! J'ai trouvé un emploi dans la troupe de Grenelle-Les Gobelins... C'est là que j'ai commencé à ne plus manger assez. L'été venu, plus un rond... J'ai vécu, pendant six mois, avec vingt-cinq francs par mois qu'une de mes tantes me faisait passer.

— Mon Dieu ! Pauvre petit !... Vingt-cinq francs !... Comment faisiez-vous ?...

Il rit, d'un air un peu fou, en regardant devant lui :

— Je ne sais pas. C'est crevant, je n'en sais plus rien. Je ne me souviens pas bien. Ça m'a laissé comme un trou. Je me rappelle que j'avais un complet, une chemise, un col — rien de rechange... Le reste, j'ai oublié.

Il se tait un instant et étend avec soin les jambes, pour ménager, aux genoux, son pantalon minable...

— Et puis après, j'ai fait des semaines aux Fantaisies-Parisiennes, à la Comédie-Mondaine... Mais c'est dur. Il faut un estomac que je n'ai plus... On est si peu payé... Je n'ai pas de nom, pas de garde-robe, pas de métier en dehors du théâtre, pas d'économies... Je ne me vois pas faisant de vieux os !...

Il rit encore, et le portant lumineux qu'on vient d'allumer dessine sa tête sans chair, ses pommettes dures, ses orbites noires et sa bouche trop fendue, où le rire avale les lèvres.

— Alors, n'est-ce pas, il faut que je rapporte deux cent vingt francs. Avec deux cent vingt francs, je suis sûr de deux mois au bas mot. Cette tournée-ci m'est tombée comme un gros lot, on peut dire !... Je vous ai bien ennuyée, avec mes histoires ?

Je n'ai pas le temps de lui répondre : le timbre sonne au-dessus de nous, et Gonsalez, incurablement en retard, s'envole vers sa loge, avec sa légèreté de feuille sèche, sa grâce chorégraphique et macabre de jeune squelette danseur…

AMOUR

Comme elle est blonde et jeune, maigriote avec des yeux bleus, elle remplit exactement toutes les conditions que nous exigeons d'une « petite danseuse anglaise ». Elle parle un peu le français, d'une voix vigoureuse de jeune canard, et dépense, pour articuler quelques mots de notre langue, une force inutile qui fait rougir ses joues et briller ses yeux.

Quand elle quitte la loge qu'elle occupe avec ses compagnes, à côté de la mienne, et qu'elle descend vers la scène, maquillée, costumée, je ne la distingue pas des autres *girls*, car elle s'applique, ainsi qu'il sied, à n'être qu'une impersonnelle et agréable petite Anglaise de revue. La première qui descend, et la seconde, et la troisième, et jusqu'à la neuvième me jettent en passant le même sourire, le même signe de tête qui secoue les mêmes boucles postiches d'un blond rosé. Les neuf visages sont peints du même fard, habilement violacé autour des yeux, et leurs paupières sont chargées, à chaque cil, d'une si lourde goutte de « perlé » qu'on ne voit plus la nuance du regard.

Mais quand elles s'en vont, à minuit dix, les joues essuyées d'un coin de serviette et repoudrées de blanc cru, les yeux encore sauvagement agrandis — ou bien quand elles viennent répéter l'après-midi, à une heure — tout de suite je reconnais la petite Glory, authentiquement blonde, deux pompons de cheveux frisés attachés sur les tempes par un bout de velours noir, nichée au fond de son affreux chapeau comme un oiseau dans un vieux panier. Deux incisives soulèvent sa lèvre supérieure : au repos, elle a l'air de laisser fondre dans sa bouche une dragée très blanche.

Je ne sais pas pourquoi je l'ai remarquée. Elle est moins jolie que Daisy, cette brune démoniaque, toujours en pleurs ou en fureur, dansant comme un démon, ou réfugiée sur un degré d'escalier, d'où elle crache d'abominables mots anglais. Elle plaît moins que la sournoise Édith, qui exagère son accent pour faire rire et profère en français, ingénument, des énormités qu'elle comprend fort bien...

Mais Glory, qui danse pour la première fois en France, retient mon attention. Elle est gentille et touchante, anonymement. Elle n'a jamais appelé le maître de ballet « damné fou », et son nom ne paraît pas au tableau des amendes. Elle crie, en descendant et en montant les deux étages, mais elle crie comme les autres, mécaniquement, parce qu'une troupe de *girls*, qui changent quatre fois de costume entre neuf heures et minuit, ne peut pas monter ni descendre les escaliers sans jeter des glapissements de Peaux-Rouges et des chants désordonnés. Glory mêle à ce nécessaire vacarme sa jeune voix fausse et comique et tient sa partie aussi dans la loge commune, séparée de la mienne par une mauvaise cloison de bois.

Les *girls* voyageuses ont fait de ce cabinet rectangulaire un campement de saltimbanques. Les crayons noirs et rouges roulent sur la planchette à maquillage, couverte ici d'un papier d'emballage, là d'une serviette trouée. Un courant d'air détacherait des murs les cartes postales, retenues seulement par des épingles fichées de biais. La boîte à rouge, le bâton de Leichner, la houppette de laine, cela s'emporte dans un coin de mouchoir, et ces petites filles, qui s'en iront dans deux mois, laisseront moins de traces qu'une halte de romanichels qui marquent leur route par les brûlures rondes de l'herbe, par la cendre floconneuse d'un feu de bois.

— ... '*k you*, dit Glory, d'une voix distinguée.

— Le plaisir est pour moi, réplique poliment notre camarade Marcel, actuellement ténor, mais qui dansera peut-être le mois qui vient, capable aussi de jouer le drame aux Gobelins et la revue à Montrouge.

Marcel attend sur le palier, comme par hasard, la troupe tumultueuse des *girls*. Comme par hasard, Glory passe la dernière et s'attarde une minute, le temps de fouiller, avec une maladresse gracieuse, dans le petit sac de bonbons acidulés que lui offre notre camarade.

Je surveille les progrès, lents, de l'idylle. Il est jeune, famélique, ardent, décidé à ne pas « crever », et tout ressemblant, malgré l'habit fatigué et la boutonnière en muguet artificiel, à un joli ouvrier roublard. Mais Glory le déconcerte par ses façons de petite étrangère. Avec une copine, une « parigote » de music-hall, il serait déjà fixé — ça marche, ou ça ne marche pas... Mais cette *angliche*, il ne sait comment la prendre... Qu'elle remonte de la scène, toute hurlante et déchevelée, et dégrafant en hâte son corsage, ça ne l'empêche pas, arrivée au palier, de remettre ses traits en place, d'accepter un bonbon et de remercier dignement : «... ' *k you* », comme si elle portait une robe à traîne.

Elle lui plaît. Elle l'agace. Quelquefois, il hausse les épaules en la regardant s'éloigner, mais je sais bien que c'est de lui-même qu'il se moque. L'autre jour, il a jeté au fond du grand chapeau de Glory, qu'elle balançait par les brides, une demi-douzaine de mandarines que la horde de sauvagesses blondes a reprises avec des cris terribles, des rires et des coups d'ongles...

Le long flirt impatiente ce petit Français vif et volage, tandis que Glory s'y complaît. Elle s'émeut lentement, en fillette sentimentale. Elle appelle Marcel par son nom : « *Mâss'l* » et lui a donné une photographie en carte postale — pas celle du faux bébé au cerceau, ni celle du « gosse à Poulbot » avec la culotte percée, oh non ! — la plus belle, celle qui montre Glory, en dame moyen âge, coiffée du hennin, une Glory tout à fait royale !

Ils n'ont pas l'air gênés de ne pouvoir causer ensemble. Le garçon, souple, feint l'empressement, l'humilité. Je l'ai vu baiser une petite main qu'on ne retirait pas, une menotte maigre, gercée par l'eau froide et le blanc liquide ; mais, à la dérobée, il regarde Glory avec insistance et précision, comme s'il visait d'avance les places où il l'embrassera. Elle, derrière la porte de sa loge refermée, chante pour qu'il l'entende et lui jette son nom : « Mâss'l ! » comme elle lui lancerait des fleurs…

Cela va bien, en somme. Cela va même trop bien… L'idylle, quasi muette, se déroule comme un mimodrame. Pas d'autre musique que la voix exubérante de Glory, et guère d'autres paroles que ce nom : « Mâss'l ! » que l'amour nuance… Après les « Mâss'l ! » éclatants et joyeux, un peu nasillés, j'ai entendu des « Mâss'l ! » ralentis, coquets et câlins, exigeants — et puis, certain jour, un « Mâss'l ! » si tremblant, si défait, qui suppliait déjà…

… Ce soir, je l'entends, je pense, pour la dernière fois. Car, tout en haut de l'escalier, réfugiée sur la dernière marche, je trouve une petite Glory toute seule, la perruque de travers, et qui pleure humblement sur son maquillage, en répétant tout bas :

— Mâss'l !……

LA TRAVAILLEUSE

— Le port de bras ! Le port de bras, Hélène ! Ça fait deux fois que tu te tapes la tête avec la main en dansant ! Je te dis, ma petite, je te dis : les bras en anse au-dessus de la tête, comme si tu portais une corbeille !

Hélène ne réplique que par un regard noir, excédé, et rectifie l'attitude. Elle va s'élancer de nouveau sur le parquet de l'atelier, un parquet usé, luisant, meurtri de coups de canne et de coups de talon ; mais elle se ravise et appelle :

— Vous êtes encore là, Robert ?

— Certainement... répond, derrière la porte, une voix soumise.

— Si vous alliez avec l'auto jusque chez le fourreur, lui dire que je ne viendrai que demain ?

Point de réponse ; mais j'entends une canne rouler, et la porte d'entrée se referme : « Robert » est parti.

— Ce n'est pas dommage ! soupire Hélène d'une voix adoucie. Ça m'agace, de sentir qu'il est là à m'attendre sans rien faire...

Deux fois la semaine, j'assiste à la fin de la leçon d'Hélène Gromet, qui travaille de quatre à cinq heures, et je lui succède. Elle me traite, plutôt qu'en camarade, en collègue, en employée de la même usine — comprenez que nous causons assez peu, mais sérieusement, et qu'il lui arrive de se raconter avec une froide candeur, comme elle se confierait à son doucheur ou à sa masseuse.

Hélène n'est pas une danseuse — elle est « une petite femme qui danse ». Elle a débuté au music-hall, la saison dernière, dans une revue, et pour son coup d'essai, elle a « envoyé » au public deux couplets grivois, débités sans mines roublardes de fausse pudeur, le coup d'œil droit, du haut de sa voix toute neuve, malhabile et hardie, avec une innocence agressive qui enchanta. Des engagements sérieux, un « ami » qui ne l'est pas moins, deux autos, le collier et la zibeline — toutes les chances échurent ensemble à Hélène — et sa petite tête solide n'en chavire point. Elle se vante d'être « une travailleuse » et elle garde son vilain nom d'ouvrière.

— Pensez-vous que je vais me rebaptiser ? Un nom tout simple et pas joli, ça vous classe dans ce qu'il y a de mieux... regardez Badet et Bordin !

Chacune de ses arrivées est une petite apothéose. Un tonnerre assourdi d'automobile l'annonce, et elle paraît, accablée d'hermine et de velours, avec un tremblant nuage d'aigrettes sur son chapeau. Un maquillage définitif et calculé banalise sa jeune figure, masque de poudre trop blanche, rose aux joues et au menton. Les paupières bleuies portent une double frange de cils lourds, raides de gomme noire, et les dents brillent d'un blanc blessant, à cause du fard presque violet qui dessine les lèvres.

— Je sais bien que je suis d'âge à me passer de toutes ces saletés-là, m'explique Hélène. Mais ça fait partie de la toilette, et puis c'est utile. Je suis maquillée pour la vie, vous comprenez. Je ne pourrai rien me rajouter quand j'aurai vingt ans de plus. Je peux me payer, là-dessous, d'être malade, d'avoir les yeux battus — c'est commode, ça déguise. Moi, vous savez, je ne fais rien sans motif.

Cette jeune utilitaire m'effare. Elle prend sa leçon comme elle avalerait un verre d'huile de foie de morue, en conscience, jusqu'au bout. Il y a plaisir, d'ailleurs, à la voir travailler, souple, bien équilibrée sur des jambes intelligentes. Elle est jolie, et d'une touchante jeunesse. Que lui manque-t-il donc ? Il lui manque...

— Le sourire, Hélène ! Le sourire ! crie la maîtresse de ballet. Ne prends pas ta figure de caissière. Tu n'as pas l'air de savoir que tu danses, mon enfant !

La large figure couperosée de l'ancienne danseuse enseigne en vain à Hélène qu'il faut, dents découvertes, remonter les coins de la bouche en cornes de croissant. C'est moi qui ris, de voir, en face d'elle, la gravité commerciale de l'élève, et ses sourcils préoccupés, et sa bouche fardée et sage.

À quoi pense cette enfant acharnée, cette insensible abeille ? Elle dit fréquemment : « Quand on veut *arriver*... » Arriver, mais où ? Quel mirage suspendu lient ses yeux levés, quand elle semble regarder à travers le front déférent de son jeune « ami » ?

Elle est tendue, elle vise, sans repos, un but qu'elle cache. La gloire ? peuh... Celles qui veulent la gloire l'avouent, et je n'ai jamais entendu Hélène Gromet souhaiter les grands rôles, ni décréter : « Quand je jouerai les Simone... » L'argent, plutôt. À la fin d'une chaude leçon, comme celle d'aujourd'hui, c'est la fatigue qui me révèle le mieux, chez Hélène, une solide petite « peuple », âpre à thésauriser.

Elle porte sa fatigue avec la grâce assouvie, et comme heureuse, de la laveuse qui vient de jeter sa charge de linge savonné. Elle est près de moi sur la banquette, et couverte à peine d'une chemise humide et d'une culotte de soie. Elle a croisé une jambe sur l'autre, elle se tait, l'épaule de biais, ses bras nus, pendants. Le crépuscule fait plus bleus ses cheveux noirs ondulés...

J'imagine, quelque part, dans un logis pauvre, une maman d'Hélène, qui rentre à cette heure du bateau-lavoir et laisse ainsi tomber ses bras rouges — une sœur, un frère d'Hélène, qui viennent de quitter l'atelier ou le fétide bureau. Ils sont ainsi ponctuels et penchés en avant, et passagèrement abattus, comme Hélène.

Elle se repose, avant de « refaire » sa figure à l'aide de la grosse houppe et du tampon de coton carminé. Elle me laisse voir, avec une confiance d'animal assoupi, sa figure déshabillée, ses joues brunes dont le commun des mortels ignore l'ambre et le grain un peu rude. L'excès de poudre noiera, tout à l'heure, la courbe de son nez, brusque et busqué, presque rapace…

Le retour de « Robert » la met debout, tout de suite en défense. C'est pourtant un blondin assez humble, qui s'empresse à la servir, à l'habiller — il attache les barrettes brillantes des petits souliers, il tire le long lacet rose du corset… Il s'en faut de si peu que leur groupe soit délicieux…

Je vois bien qu'elle ne le déteste pas, mais je ne vois pas non plus qu'elle l'aime. Elle lui accorde une attention sans bassesse. Quand elle s'en va avec lui, elle le toise de son air profond et combatif, comme une autre leçon à apprendre. Et j'ai envie, parfois, de retenir le bras de cette enfant avide, pour lui demander :

— Mais, Hélène… et l'amour ?

APRÈS MINUIT

— Qu'il fait bon !

La petite danseuse frotte ses bras nus, des bras colorés et grenus de blonde maigre, et respire, comme un air tonique, la chaleur sèche du restaurant.

Au centre de la grande salle, sur une piste de linoléum ciré, tournent déjà des couples : une Cauchoise en bonnet de dentelle, une gigolette à foulard rouge, une almée, un bébé frisé ceint d'un ruban écossais. L'établissement, coté sur la Riviera, emploie une dizaine de danseuses, autant de chanteurs.

La petite Maud vient de l'Eldorado, où elle chante et gambille un « numéro anglais ». Elle est venue, courant sous le vent glacé, gagner ses quinze francs au restaurant de la Bonne-Hôtesse, entre minuit et six heures du matin.

Accotée au mur, elle fléchit un peu sur les jarrets et suppute vaguement qu'elle a dansé à l'Eldorado en matinée, en soirée, et qu'elle valsera ici jusqu'au petit jour : sept heures de valse et de cakewalk, sans compter les déshabillages, rhabillages, maquillages, démaquillages. Elle avait très faim en arrivant ; un grand verre de bière, avalé au vestiaire des « artistes », vient de lui couper l'appétit.

— Tant mieux, songe-t-elle ; il ne faut pas que j'engraisse...

Maud plaît par une minceur anguleuse de fillette du peuple et passe pour Anglaise parce qu'elle est blonde, avec des coudes rouges et un petit nez rigolo d'alcoolique, aux ailes couperosées. Elle a appris à sourire d'un air vicieux, à secouer ses boucles d'écolière, à cacher sa figure, quand on lui dit des inconvenances, entre ses pattes aux doigts carrés, gercées par le blanc liquide. Dans le privé, c'est une petite « caf'conc' » comme beaucoup d'autres, surmenée, sans méchanceté, sans coquetterie, qui s'en va d'hôtel en wagon, de gare en music-hall, tourmentée par la faim, le sommeil, l'inquiétude du lendemain...

À cette heure, elle se repose debout, comme une vendeuse de grand magasin, tout en agaçant, du bout de l'orteil, un trou récent de son maillot chair.

— Cent sous de stoppage...

Elle déplisse d'une main distraite l'ourlet satiné de sa jupe-bébé, vert nil, et qui tourne au jaune.

— Teinturier : dix francs... Voilà ma nuit mangée, flûte ! Si encore la petite dame saoule revenait, celle de la nuit du veglione, qui m'a jeté la monnaie de son addition !...

Un violoniste en chemise roumaine joue *Tu m'avais fait serment,* avec une telle âpreté amoureuse qu'on le bisse.

— Tant mieux ! se dit encore la petite danseuse. Je voudrais qu'il joue toute la nuit : pendant ce temps-là, je suis rentière !

Elle s'est réjouie trop tôt : un signe du gérant lui enjoint de valser, pendue aux épaules d'un faux toréador, mince et mou, trop grand pour elle... Maud est si fatiguée déjà qu'elle valse presque sans s'en apercevoir, contre ce garçon qui la colle à lui avec une impudeur indifférente et professionnelle... Tout tourne... L'épingle d'un chapeau, l'agrafe d'un collier, le chaton d'une bague piquent l'œil au passage. La piste cirée glisse sous les pieds, brillante, savonneuse et comme mouillée...

— Si je valsais très longtemps, cette nuit, songe confusément Maud, je finirais par ne plus penser du tout...

Elle ferme les yeux et s'abandonne contre cette poitrine insensible, se jette au tournoiement avec une confiance mi-évanouie d'enfant qui veut se noyer... Mais soudain la musique s'éteint, et le toréador abandonne sa camarade sans un regard, sans un mot, comme une épave, contre la table la plus proche.

Maud sourit, en passant la main sur son front, et regarde autour d'elle :

— Ah ! voilà mon « couple sympathique » !

Car elle élit, chaque nuit, aux soupers de la Bonne-Hôtesse, un couple qui lui plaît — en tout bien tout honneur ! — à qui elle jette ses plus enfantins sourires, parfois un baiser au vol, une fleur, et qu'elle accompagne d'un bref regret, à l'heure où la femme se lève et s'en va, avec l'air royal et excédé de celle que suit un ami bien épris...

— Il est gentil, ce soir, mon couple sympathique !

Gentil... si on veut. Maud le veut. Un désir préoccupé, vindicatif, absorbe l'homme, très jeune, qui déguise à peine son impatience. Il a des yeux faux et clairs, si variables qu'ils doivent pâlir plus souvent que son visage brun. Il mange en hâte, comme à un buffet de gare. Quand son regard rencontre celui de son amie, il rejette la tête en arrière, comme si on lui frôlait les narines d'un bouquet trop odorant.

Elle est arrivée joyeuse, arrogante, animée de froid et d'appétit. Elle a croisé ses mains sous son menton, et puis elle a demandé au violoniste en chemise brodée des valses, des valses, encore des valses. Il lui a joué : *Tu m'avais fait serment... Non, tu ne sauras jamais... Ton cœur était méchant...*

— Ah ! que j'aime cette musique ! soupire-t-elle tout haut...

Et elle a souri à Maud, qui passait en tournoyant. Et puis, elle n'a plus parlé, elle contemple son ami...

— Laisse-moi ! lui dit-elle, en retirant la main qu'il frôle...

« Ils sont gentils, mais ils ont l'air de se disputer sans rien dire », remarque Maud. « Ils s'aiment, mais ils ne sont pas amis... »

La soupeuse s'appuie au dossier de sa chaise, sans quitter des yeux celui qui mange si férocement en face d'elle... Maud s'attache à ce visage effilé de femme fiévreuse, comme s'il allait arriver quelque chose... Le gérant peut bien, d'un claquement de langue, rappeler au travail la petite danseuse ; Maud attend, télépathiquement liée à cette femme muette, qui, séparée de son ami par des abîmes de musique, s'éloigne encore de lui, peut-être, à chaque sanglot de la valse, avec un clairvoyant désespoir...

« Ils s'aiment, mais ils sont mal ensemble... » Tant d'aveux s'échappent du regard noir de la femme, qui se tait obstinément, comme si elle craignait de fondre en larmes ou de s'épancher en banalités gémissantes... Elle a de belles prunelles éloquentes, effrayées, qui disent à l'homme : « Tu m'aimes mal... Tu ne m'as pas comprise... Je ne te connais pas, tu me fais peur... Tu ris de tout ce que j'aime... Tu mens si bien !... Tu as tout de moi, sauf ma confiance... Si tu savais quelles sources étincelantes tu mures en moi, parce que je te crains ! Que fais-je à tes côtés ? Puisse cette musique me délivrer de toi à jamais ! Ou bien que ce violon se taise, afin que je ne te découvre pas plus avant !... Tu souhaites ma défaite, non mon bonheur, et le pire de moi t'assure la victoire !... »

Maud soupire :

— Oh ! comme il est mal assorti, mon couple sympathique ! Elle devrait le quitter, mais...

— Viens, chuchote l'homme, qui se lève.

Son amie se dresse, longue, noire et moirée comme un serpent obéissant, sous la menace de deux yeux clairs, caressants et faux. Elle le suit, sans défense, sans autre secours que le sourire fraternel d'une petite danseuse blonde, qui regrette son « couple sympathique » et dont la moue enfantine reproche : « Déjà ! »

LOLA

Dans ma loge, tous les soirs, j'entendais, sur les marches de fer qui conduisent au plateau, un tic tac de grosses béquilles.

Pourtant, le programme ne comportait aucun « numéro d'amputé »... J'ouvrais ma porte, pour voir le petit cheval nain grimper l'escalier, de ses pieds adroits, non ferrés. L'âne blanc le suivait, sabotant sec, et puis le danois bringé, aux grosses pattes molles, et puis le caniche beige, et les fox-terriers.

La Viennoise rondelette, qui régissait le « cirque miniature », veillait, ensuite, à l'ascension du petit ours, toujours récalcitrant et comme désespéré, qui étreignait les montants de l'échelle et gémissait sourdement, en enfant qu'on mène au cachot. Deux singes suivaient, en falbalas de soie et de paillettes, fleurant le poulailler mal tenu. Tous montaient avec des soupirs étouffés, des grognements contenus, des jurons à voix basse ; ils s'en allaient attendre l'heure du travail quotidien.

Je ne voulais plus les voir là-haut, captifs et sages ; le spectacle de leur résignation m'était devenu intolérable. Je savais que le petit cheval, martingalé, essayait en vain d'encenser et détendait sans cesse une jambe de devant, avec un geste ataxique. Je savais qu'un des singes, mélancolique et faible, appuyait enfantinement sa tête à l'épaule de son compagnon, en fermant les yeux ; que le danois stupide regardait devant lui, sombre et fixe ; que le vieux caniche battait de la queue avec une bienveillance sénile ; que l'ours, surtout, le petit ours, prenait sa tête à deux mains en geignant et pleurait tout bas, parce qu'une courroie très fine, bouclée autour de son museau, lui coupait presque la lèvre.

J'aurais voulu oublier ce groupe misérable, harnaché de cuir blanc et de grelots, paré de rubans, ces gueules haletantes, ces haleines âpres de bêtes à jeun, je ne voulais plus voir, ni plaindre, cette douleur animale que je ne pouvais secourir. Je restais en bas, — avec Lola.

Lola ne venait pas me rejoindre tout de suite. Elle attendait que le sourd travail d'ascension se fût tu, que le dernier fox-terrier eût caché, au tournant de l'échelle, son derrière blanc de lapin. Puis elle poussait ma porte entre-bâillée, du bout de son museau insinuant.

Elle était si blanche que ma loge sordide s'éclairait. Un long, long corps de lévrier, blanc de neige, — la nuque, les coudes, les cuisses et la queue hérissés d'un argent fin, d'un flottant poil brillant comme du fil de verre. Elle entrait et levait vers moi ses prunelles mêlées de brun et d'orange, dont la rare couleur eût suffi à émouvoir. Sa langue rose et sèche pendait un peu, et elle haletait doucement, de soif...

« Donne-moi à boire... Donne-moi à boire, quoiqu'on l'ait défendu... Mes compagnons ont soif aussi, là-haut, on ne doit pas boire avant le travail... Mais toi, donne-moi à boire... »

Elle lapait l'eau tiédie, dans la cuvette de zinc que je rinçais pour elle. Elle lapait avec une distinction qui semblait, comme tous ses gestes, affectée, et j'avais honte, devant elle, du bord écaillé de la cuvette, du broc cabossé, du mur gras qu'elle évitait de frôler...

Pendant qu'elle buvait, je regardais ses petites oreilles en forme d'ailes, ses pattes dures comme celles d'un cerf, ses reins sans chair et ses beaux ongles, blancs comme son poil...

Désaltérée, elle détournait de la cuvette son pudique museau effilé, et me livrait un peu plus longtemps son regard où je ne pouvais rien lire, sinon une vague inquiétude, une sorte de prière farouche... Puis, elle montait toute seule vers le plateau, où son rôle se bornait, d'ailleurs, à une figuration honorable, à quelques sauts de barrière qu'elle accomplissait élégamment, avec une puissance dissimulée et paresseuse. La rampe avivait l'or de ses yeux, et elle répondait à chaque claquement de la chambrière par une grimace nerveuse, un menaçant sourire qui découvrait des gencives roses et des dents parfaites.

Pendant presque un mois, elle ne me demanda rien que l'eau fade et tiède dans la cuvette écaillée. Chaque soir, je lui disais, sans paroles : « Prends. Je voudrais te donner tout ce qui t'est dû. Car tu m'as reconnue, et tu m'as demandé à boire, toi qui ne parles à personne, pas même à la dame viennoise qui noue, d'une main potelée et autoritaire, un collier bleu à ton cou de serpent... »

Le vingt-neuvième jour, j'embrassai, chagrine, la chienne sur son front satiné et plat, et, le trentième jour... je l'achetai.

« Belle mais pas savante », me confia la dame viennoise. Elle gazouilla pour Lola, en manière d'adieu, des gentillesses austro-hongroises ; la chienne se tenait debout auprès de moi, sérieuse, et regardait droit devant elle, avec un air dur, en louchant un peu. Et puis, je pris la laisse pendante, et je marchai, et les longs fuseaux secs, armés de griffes blanches, mesurèrent leurs pas sur les miens...

Elle me suivit moins qu'elle ne m'accompagna, et je soulevais, pour qu'elle ne lui pesât point, la chaîne de cette princesse prisonnière. Sa rançon, que j'avais payée, suffirait-elle à la faire mienne ?

Ce jour-là, Lola ne mangea pas et refusa de boire l'eau fraîche que je lui offris dans un bol blanc acheté tout exprès. Mais elle tourna languissamment son cou onduleux, son museau fiévreux et fin vers la vieille cuvette écaillée. Elle y but, et releva vers moi son généreux regard, pailleté comme une liqueur étincelante :

« Je ne suis pas une princesse enchaînée, mais une chienne, une vraie chienne, au cœur de chienne. Je suis innocente de toute cette beauté que l'on voit trop, et qui t'a fait envie. Est-ce pour elle seule que tu m'as achetée ? Est-ce pour ma robe d'argent, mon ventre en arceau qui avale l'air, ma poitrine en carène, mes os secs et sonores, nus sous ma chair avare et légère ? Ma démarche t'enchante, et aussi le bond harmonieux dont je semble franchir à la fois et couronner un portique invisible, et tu me nommes princesse enchaînée, chimère, beau serpent, cheval fée… et te voilà interdite devant moi !… Je ne suis qu'une chienne au cœur de chienne, orgueilleuse, malade de tendresse, et tremblant de se donner trop vite. C'est moi qui tremble, parce que tu m'as échangée, à jamais, contre ce peu d'eau tiédie que ta main versa, tous les soirs, au fond d'une cuvette écaillée… »

MALAISE

Est-ce aujourd'hui qu'il se tuera ?

Ramassé sur sa bicyclette, le dos en pédale en vacillant sur sa table tournante, il lutte contre la force centrifuge comme contre un vent furieux.

La table sans rebord tourne sous lui, d'abord lentement, puis plus vite, jusqu'à n'être qu'un disque ciré, brillant, moiré de vitesse, rayé de cercles concentriques comme un bassin où l'on vient de jeter un caillou. Le petit homme noir, monté sur deux roues, s'évertue là-dessus, sans cesse repoussé par la force invincible, et lorsqu'il chancelle, chacune de ses défaillances nous arrache à tous la même aspiration étranglée.

Toute la machine vire avec un grondement sourd de moteur ; les bords mortels de la table tournoyante étincellent de feux électriques, verts et rouges ; — une sirène aiguë accompagne la course d'un cri menaçant —.

Malgré la rafale circulaire qui balaye le plateau, nous restons là, derrière les portants — machinistes en cotte bleue, muets et compétents, gymnastes aux cheveux gras, le visage d'un rose de fleur fausse, petites artistes couvertes à la hâte de kimonos décolorés, les cheveux tirés à la chinoise sous le « ruban de maquillage » en caoutchouc crasseux…

Nous restons là, cloués par l'attrait abominable : « Est-ce aujourd'hui qu'il va se tuer ? »

Non. C'est fini. La sirène a tu sa plainte chromatique, en même temps que s'arrêtait la table vertigineuse, et l'insecte noir, qui luttait agrippé à sa bicyclette, reprend pied, d'un saut leste, sur le disque immobilisé.

Ce n'est pas aujourd'hui qu'il se tuera. À moins que ce soir... Car c'est dimanche, et nous n'en sommes qu'à la matinée. Évidemment, il a encore le temps de se tuer à la représentation du soir...

Je voudrais sortir d'ici. Mais dehors, c'est la pluie, la déprimante, la noire et désolante pluie méridionale, sous laquelle une ville, hier blanche au soleil le long de la mer, semble fondre en boue jaune. Il n'y a, hors d'ici, que la pluie et la chambre d'hôtel. Ceux qui voyagent sans repos, ceux qui errent solitaires, ceux qui s'asseyent, à la petite table des restaurants, devant une seule assiette, un seul verre, et qui étayent contre la carafe un journal plié, ceux-là connaissent la périodicité, le retour normal des crises de misère morale, la maladie de l'isolement.

Je voudrais m'en aller d'ici, mais je manque passagèrement de force pour compléter mon souhait, pour imaginer le lieu qui me réconforterait. Créer ce lieu, ou le ressusciter dans mon souvenir, le peupler d'un visage aimé, l'animer de fleurs, d'eaux, de bêtes familières est un effort trop grand, qui me sera permis un peu plus tard — peut-être dans une heure... Mon dénuement mental s'accommode de la paresse physique qui me tient là, les jambes molles et le cœur lâche, plaintive et répétant tout bas : « Je voudrais m'en aller... »

Je crains, j'attends je ne sais quel drame. Je m'inquiète qu'on ait rassemblé ici, pour la perverse joie d'un public étranger, qui voit couler froidement le sang noir des taureaux, tant de « numéros » tragiques ou macabres... Une fièvre légère qui bat à mes tempes — fatigue du voyage, changement de climat, et l'humidité saline — hausse peut-être un décor connu, presque amical, jusqu'au cauchemar romanesque. Mon humeur singulière me sépare, ce soir, de mes frères étincelants et pauvres, qui s'agitent autour de moi ; j'assiste, invisible, à leurs travaux, du haut d'une sorte de quai, bordé d'un balcon de fer, qui longe les loges d'artistes et surplombe la scène...

Un diable rouge, à présent, a jailli d'une trappe, et j'entends les rires du public lointain, à cause de la barbiche rousse, des sourcils fourchus, à cause du masque entier, modelé en pâte grasse et en crayons noirs...

Mais l'homme commence un labeur de contorsionniste, une dislocation lente, serpentine, un dévissage de toutes ses articulations, un enchevêtrement, une passementerie de tous ses membres tressés — et j'aperçois d'ici les raisons qu'il a de cacher ses traits sous ceux d'un diable risible : le supplice qu'il s'impose est tel, par moments, que son visage refuse de lui obéir et devient, en vérité, le visage d'un condamné à la flamme éternelle... Va-t-il succomber, comme un reptile qui s'étouffe de ses propres nœuds ? Et puis, il est en deçà de la musique, pour moi, et l'orchestre ne domine pas toujours sa plainte fréquente, une petite plainte courte d'homme qu'on écrase lentement...

Quand il s'en va enfin, quand il passe au-dessous de moi, marchant d'un pas flasque, traînant son long corps qui semble à moitié vide, j'élargis ma poitrine contractée, je cherche l'air. J'espère la fin de ces drames brefs, j'aspire à quelque ballet fleuri et fade... mais déjà s'apprêtent des carabines qui visent, pour cible, l'as de carreau que lève la main confiante d'une enfant.

Je ne puis supporter la vue de cette petite main blanche — j'invente maladivement, au creux de la paume, un trou rouge... Et cependant je reste, et cependant je me rapproche, je reviens me blottir derrière le portant, charmée par le vol foudroyant des lames que jette un lanceur de navajas... L'homme semble bouger à peine — un trait d'acier bleu jaillit de son poing et se plante, vibrant, dans une planche verticale, contre la tempe d'un adolescent qui sourit fixement et ne cille pas.

Je cligne, moi, au passage de chaque lame, et chaque fois, je baisse la nuque... Un cri dans la salle, un cri de femme effrayée achève d'ébranler mes nerfs — pourtant l'adolescent est là, vivant, toujours souriant et pétrifié... Il n'y a rien eu, il est vivant, vivant !... Il n'y a rien eu que l'arrêt, sans doute, que l'indécision, pendant un temps inappréciable, de ce qui planait sur cette salle. Une aile souveraine, et qui n'a pas daigné descendre, a épargné aujourd'hui l'homme de la table vibrante, le cou torturé du diable rouge. Elle n'a pas voulu détourner de leur but les balles qui visaient l'as de carreau, au bout de la main frêle, mais elle s'est immobilisée un instant, par caprice, au-dessus de la tête du jeune saint Sébastien qui sourit, là-bas, le front auréolé de couteaux...

Elle revoie maintenant... Va-t-elle s'éloigner de nous, Celle dont l'invisible présence m'opprimait si fort et me faisait une âme si tremblante, avide d'horreur et pusillanime — une âme de spectateur...

FIN DE ROUTE

— Cette surprise ! Tu peux le dire, qu'on ne s'attendait pas à se rencontrer ! Depuis quand est-ce que je ne t'ai pas vue ? Depuis Marseille, tiens, tu te rappelles ? Tu étais de la tournée Pitard, moi de la tournée Dubois. On jouait le même soir. C'était à celle des deux tournées qui mangerait l'autre... Ça n'empêche pas qu'on a été les déguster ensemble, les coquillages, ce soir-là, à la terrasse de chez Basso, hein ?

« ... Non, tu n'as pas trop changé : tu te maintiens bien, toi, tu as de la chance ! C'est l'estomac qui te sauve, mais si tu avais treize ans de tournées, comme moi, dans les jambes, tu ne serais pas si fière !...

« Oh ! tu peux bien le dire que j'ai changé, va ! À quarante-six ans, jouer les duègnes, c'est dur, quand on voit tant de jeunesses de cinquante et soixante ans qui font les petites folles sur les scènes du boulevard, et qui rendent leur rôle si elles ont dans la pièce un gosse de plus de douze ans ! Moi, c'est Saïgon qui m'a flanqué le coup de vieux, et avant l'âge. J'ai chanté l'opérette à Saïgon, moi, dans un théâtre éclairé avec huit cents lampes à pétrole...

« ... À part ça ? Ma foi, à part ça, rien de neuf. Je « tourne », je fais comme bien d'autres. Je dis toujours que j'en ai assez, que c'est ma dernière tournée. Je répète à qui veut l'entendre que j'aime mieux me mettre ouvreuse ou placière en parfumerie — et puis quoi ? Me revoilà chez Pitard, te revoilà chez Pitard. Nous revenons chercher de l'ouvrage, on se remet à la roue !…

«… Tais-toi ! j'en sais quelque chose, que les prix baissent partout ! Si on savait ce que j'ai accepté cette fois-ci, je serais perdue de réputation. Ma parole, ils croient qu'on ne mange pas, en tournée !

« Sans compter que j'ai ma sœur, comme tu sais. On est deux à gagner, mais on est deux à nourrir aussi. Oh ! elle s'y est bien mise, la petite ; elle a un courage !… Plus de courage que de santé, c'est le cas de le dire. Elle joue tout ce qu'on veut. Tiens, on a fait cinquante jours dans une tournée Miral, en spectacle coupé, trois pièces dans la même soirée : la petite faisait d'abord la bonne qui met le couvert, dix lignes ; et puis une vieille paysanne qui dit ses vérités à tout le monde, deux cents lignes ; et pour finir, une jeune fille de dix-sept ans qu'on marie contre son gré, qui pleure tout le temps. Qu'est-ce qu'elle a pris comme maquillage, la pauvre !

« Et des prix de famine, tu sais ! Seulement, nous avions notre note de médecin et de pharmacien à payer ; c'était l'hiver de ma grande bronchite : rien qu'à la ventouseuse, j'en ai eu pour trente-sept francs ! Je répétais avec quarante ventouses dans le dos, je cachais ma bronchite. Quand la quinte me prenait, j'allais tousser dans les water, sans quoi, on m'aurait remplacée dans les deux heures, tu penses !

« J'ai pu partir, mais les médicaments et le docteur nous avaient ruinées d'avance. Alors la petite s'est mise à faire des vêtements en tricot : tu sais, ces grands paletots qu'on porte à présent, et des polos pareils, en laine… Elle travaille en route, dans les trains ; elle est d'une adresse ! Quand on fait des grands parcours, des huit et neuf heures de chemin de fer, elle vous abat un petit paletot en quatre jours, et elle l'expédie tout de suite à une maison de vente à Paris.

« … Oui, je sais bien, toi, tu as le music-hall pour t'en tirer ! Le music-hall, on y gagne encore bien sa vie ; mais moi, qu'est-ce que tu veux ? On m'enterrera pendant une tournée, et je ne serai pas la seule… Oh ! ce n'est pas pour poser à la neurasthénie, tu sais ! J'ai encore de bons moments : j'étais une telle mère-la-joie quand j'étais jeune ! Que mon foie me laisse tranquille seulement trois semaines, que j'arrête de tousser quinze jours, et que ma jambe gauche, avec ses sacrées varices, ne pèse pas trop lourd, on me retrouve !

« Qu'avec ça on me donne des camarades pas trop galeux, des bons types, qui ne passent pas leur temps à pleurer misère et à raconter leurs maladies et leurs accouchements, et je t'assure que je m'en paye encore des tranches de rigolade !…

« À condition, naturellement, qu'il ne nous arrive pas des coups comme celui de Marizot… Marizot, tu n'as pas su ? Les journaux n'en ont pas parlé, mais tu aurais pu l'apprendre en route… On était…, où, déjà ? en Belgique, par une pluie !… On sortait de dîner dans une brasserie très bien, nous deux ma sœur, Marizot et Jacquard… Marizot sort en avant, pendant que nous restons pour payer. Tu sais comme il était myope. Il enfile une petite rue noire, en se trompant, et au bout de la rue, c'était une rivière, un fleuve, je ne sais pas quoi, l'Escaut ou un autre : bref, il tombe à l'eau, et le voilà emporté. On ne l'a retrouvé que deux jours après… Ça s'est fait si rapidement que, le premier soir, on n'avait pas encore commencé à être tristes, figure-toi ! Il n'y a que le lendemain : quand le second régisseur a joué le rôle de Marizot, nous nous sommes tous mis à pleurer ensemble, en scène…

« Enfin, on ne se noie pas tous les jours, Dieu merci ! On s'est consolé un peu au moment de la grève des chemins de fer. Oui, on s'en est payé une pas ordinaire ! Écoute ça : on finissait la tournée du *Fiasco* — un fichu titre ! — on avait joué la veille au soir à Rouen. En arrivant à Mantes, le train s'arrête :

« — Tout le monde descend ! On ne va pas plus loin ! »

« C'était la grève. Me voilà partie à me désoler : j'avais une crise de foie, mon rhumatisme à la patte gauche, la fièvre, tout, enfin ! Je m'assieds sur un banc, dans la salle d'attente, et je me dis : « Ce coup-là, je ne bouge plus, c'est trop de guigne, j'aime mieux crever sur place ! » Y avait là Jacquard, toujours le même, avec son grand paletot et sa pipe, qui s'amène et qui me dit :

« — Pourquoi est-ce que tu ne rentres pas chez toi ? Tu devrais prendre Pigalle-Halle-aux-Vins, qui te mène devant ta porte.

« — Ah ! fiche-moi la paix ! que je lui réponds. Il faut que tu n'aies pas de cœur ! Nous voilà ici pour jusqu'à quand, maintenant, avec cette dégoûtation de grève ? Tu crois que ça me fait plaisir de bouffer mes malheureux cachets en hôtels et en pharmacie, hein ? Je voudrais que tu sois où j'en suis pour voir ce que tu ferais à ma place !

« — À ta place ? qu'il me fait. À ta place, je prendrais Pigalle-Halle-aux-Vins. »

« J'en aurais pleuré, ma chère ; je l'aurais battu, ce Jacquard, avec sa figure en bois et sa pipe ! Je lui en ai dit !… À la fin, il me prend par le bras et il me conduit de force jusqu'à la porte vitrée. Et qu'est-ce que je vois dans la cour de la gare ? Pigalle-Halle-aux-Vins, ma chère ! Pigalle soi-même ! Trois autobus Pigalle, qui avaient servi à amener de la troupe dans la matinée ! Ils avaient un jus, devant cette gare de Mantes !

« Je commence à me tordre, malgré mes coliques de foie, au point que je ne pouvais plus m'arrêter. Et le plus beau, c'est que nous sommes rentrés à Paris dans Pigalle-Halle-aux-Vins, ma chère, par autorisation spéciale du sous-préfet ! Ça nous a coûté deux francs quatre-vingts par tête — et quelle rigolade ! Jacquard et Marval, de dessus l'impériale, nous jetaient des peaux de saucisson dans l'intérieur, et si tu avais vu les figures des « pédezouilles » sur les routes, ça valait le voyage !

« Et on était secoués ! et ça m'arrachait le foie à chaque cahot ! Tant pis ! j'ai ri tout le long du trajet, c'est toujours autant de pris !

« Et puis, comme dit Jacquard : « Les records de vitesse et de vols en hauteur, qu'est-ce que c'est que ça pour nous autres ? Parlez-moi d'un joli parcours, Mantes-Paris sur Pigalle-Halle-aux-Vins : voilà un petit raid pas ordinaire ! »

« LA GRÈVE, BON DIEU, LA GRÈVE ! »

… D'un œil assoupi, je suis la « pavane » que dansent « les Grandes Concubines de l'Histoire ». En attendant le hennin emperlé, la fraise, le vertugadin, les paniers et le fichu à l'enfant, elles ont, pour répéter, épinglé leurs jupes en pagne autour des hanches ; certaines ont quitté les robes étroites et travaillent en culotte noire, bras nus hors du cache-corset, le bonnichon de fourrure sur la tête.

Le Roi-Soleil les conduit sous les traits d'un maître de ballet en manches de chemise. Gabrielle d'Estrées et la marquise de Pompadour se trompent obstinément, et je les bénis. On recommence… Pourvu qu'elles se trompent encore !…

Assise aux fauteuils d'orchestre sur un pan de housse grise, j'attends dans la salle noire qu'on ait fini de répéter la revue. Il est six heures moins le quart, mes camarades sont en scène depuis midi et demi. Il nous restera trois quarts d'heure pour répéter notre pantomime. Mais je souhaite que Gabrielle d'Estrées et la marquise de Pompadour se trompent encore : je voudrais tant ne pas bouger !

L'avare lumière d'une « servante » à deux ampoules tient lieu de rampe. Ces deux points lumineux, suspendus dans le noir, me piquent les yeux et m'endorment. Un mime, invisible, à côté de moi, trompe son besoin de fumer en mâchant une cigarette pas allumée :

— Encore une journée de fichue pour nous autres ! Je voudrais voir tous les auteurs de revues dans cent pieds de... Regarde-les-moi, les « grandes concubines » ! Et quand on pense que c'est à l'œil qu'elles turbinent... La grève, bon Dieu ! la grève !

Ce mot me réveille. C'est vrai, la grève... On en parle beaucoup, chez nous. Il y a quelque chose de changé dans notre laborieux caf'-conc', un de ces heureux établissements de quartier, toujours chauds et noirs de foule, où roule, le soir, avec des sifflets, des cris, des trépignements, l'orageux rire populaire.

— La grève, bon Dieu, la grève !

On y pense, on en parle dans les coins. Les p'tites femmes de la prochaine revue, les tours-de-chant n'ont que ce mot-là à la bouche, chacune à sa manière. Il y en a qui crient tout bas : « La grève ! les matinées payées, les répétitions aussi ! » avec des figures embrasées, en levant leur manchon comme un drapeau et leur réticule comme une fronde...

Les « grandes concubines » viennent encore de se tromper. Chouette ! dix bonnes minutes de plus dans mon fauteuil... Mesdames de Pompadour et d'Estrées « prennent » ! Penché sur elles, le maître de ballet leur crie de grosses injures pas méchantes, que la maîtresse du Vert-

Galant, une courte brunette ronde, reçoit avec impatience, tournée de notre côté, l'œil vers la sortie.

L'autre, la marquise, baisse la tête comme une enfant qui a cassé un vase. Elle regarde en dessous, sans rien dire — son souffle haletant soulève une grandemèche blonde qui lui barre la joue. La triste lumière qui tombe d'en haut lui sculpte une maigre et creuse figure de garçonnet martyr, et cette Pompadour ressemble étrangement, avec sa culotte noire, ses genoux nus au-dessus des bas roulés, à un jeune tambour de la Révolution. Tout son petit être têtu et meurtri s'insurge et semble crier ; « Vive la grève ! »

La pavane, immobilisée un instant, groupe autour d'elle vingt petites femmes muettes et excédées. Elles cherchent, dans le noir, le fauteuil d'où les surveille M. le directeur : elles attendent le cri qui les délivrera, le « ça va bien pour aujourd'hui » jailli d'un point obscur de l'orchestre. Mais elles ont l'air d'attendre aussi autre chose : « La grève, bon Dieu, la grève ! » Leur fatigue est presque agressive.

Au rebours des hommes — chanteurs et mimes, danseurs et acrobates — qui s'efforcent de conserver à leurs revendications un ton de bonhomie sérieuse, de discussion calme et courtoise, les p'tites femmes du caf'-conc', mes camarades, se sont enflammées tout de suite. En Parigotes émotives, elles imaginent confusément, au seul mot de grève, la descente dans la rue, l'émeute, la barricade.

Elles n'ont pas l'habitude. La discipline rigoureuse et simple qui nous régit ne connaît guère d'infractions. Sous le soleil bleuté des deux projecteurs évoluait, jusqu'à ces jours troublés, le plus routinier, le plus laborieux des petits peuples, vite apaisé sur un mot du directeur : « J'aime pas les gueulards », ou bien : « Un peu de calme, mesdames ! Vous croyez-vous dans un théâtre ? » Oui, l'habitude de la grève, de la « rouspétance », leur manque. Cette Agnès Sorel, là, qui bâille de faim, si longue sur ses grandes jambes, s'en ira tout à l'heure à son pigeonnier, de l'autre côté de la Butte, au diable... Elle n'a jamais le temps de manger chaud, elle demeure trop loin, elle trotte tout le temps.

— Ce n'est pas à la soirée qu'elle les gagne, ses cent quatre-vingts francs par mois, c'est au kilomètre ! dit Diane de Poitiers, qui porte en décembre des chemisettes d'été...

Et cette belle Montespan à gorge lourde, est-ce chez son mari, un brocheur phtisique, qu'elle aurait pris l'habitude de se plaindre ? Elle a bien assez à faire dans son ménage, par là-bas, du côté du Château-d'Eau, autour de son homme et de ses deux gosses !

On les régente si facilement, ces abeilles pauvres et sans butin ! La moindre arpète de la rue de la Paix leur en remontrerait, en matière de revendications. Elles ont dit : « Chic ! la grève ! » comme elles auraient dit : « On va gagner le gros lot ! » sans y croire. À présent qu'elles y croient, elles commencent à trembler, d'espoir.

Les terribles journées, les doubles représentations du dimanche et du jeudi, et des fêtes semées tout le long de l'année, recevraient leur salaire ? Mieux que ça : les internements de midi à six heures, quand on monte les revues, seraient indemnisés ? On boufferait les croissants du goûter, le bock et la banane pendant la répétition, aux frais de la princesse ? La mère Louis, notre duègne rhumatisante, qui joue les belles-mères comiques et les négresses, payerait ses omnibus, les dimanches et les jeudis, autrement que par ses gains misérables de tricoteuse, elle qui tricote partout et sans arrêt, pour une maison de bonneterie ?...

Et les nuits de coup de feu, les nuits redoutées, où l'on répète en décors et costumes jusqu'à l'aube, ce ne serait plus uniquement « pour l'honneur de la maison » qu'un demi-cent de « marcheuses » s'en iraient, dans le petit matin glacé, sur des pieds gonflés et des chevilles molles, en bâillant à mourir ?...

C'est beau. C'est inquiétant. Notre petit peuple a la fièvre. Le soir, dans les coulisses, on m'agrippe par la manche, on me questionne :

— N'est-ce pas que vous êtes pour la grève ?

Et on ajoute :

— D'abord, c'est juste ! avec une voix assurée et des gestes anxieux.

Tout le monde n'a pas l'amer scepticisme de cette enfant blonde et creusée, Mme de Pompadour, — une philosophe de dix-neuf ans, que je nomme aussi Cassandre, et qui s'en fâche, à tout hasard :

— La grève, pour avancer à quoi ? À engraisser les marchands de « cinéma »... Et pendant ce temps-là, quoi qu'on bouffera, toutes les deux, moi et ma « moman » ?...

Il doit être au moins six heures et quart. Je dors presque, les bras serrés dans mon manchon, le menton dans la fourrure. J'ai chaud aux épaules et froid aux jambes, parce qu'on n'allume pas le calorifère pour les répétitions... Qu'est-ce que je fais là ? Il est trop tard pour travailler aujourd'hui. J'ai attendu, avec la patience fataliste qu'on apprend au music-hall. Je peux bien attendre encore un peu, pour sortir en même temps que le pensionnat fatigué qui va s'égailler dans Paris...

Les plus pressées, celles que le métier ramène ici à huit heures, n'iront pas loin : la tranche de noix de veau, pâle sur son lit d'oseille, ou le douteux navarin les attendent, à la brasserie du coin. Les autres se sauvent en courant, dès le trottoir : « J'ai juste le temps de passer chez moi ! »

Retrouver une « moman » grognon, se laver les mains, renouer le ruban qui serre le front et les cheveux, s'assurer que le gosse n'est pas tombé par la fenêtre et ne s'est pas brûlé au poêle, et hop ! on repart... On saute dans l'autobus, dans le métro, dans le tramway, pêle-mêle avec les autres employées, modistes, cousettes, caissières, dactylographes, qui ont, elles, fini leur journée...

L'ENFANT DE BASTIENNE

I

— Cours, Bastienne, cours !

Les danseuses se pressent tout le long du couloir, froissant au mur leurs jupes en corolle, laissant derrières elle l'odeur de la poudre de riz, des cheveux chauffés au fer et de la tarlatane neuve. Bastienne court, un peu moins vite, les deux mains en ceinture à sa taille. On les a « sonnées » bien tard, elle va entrer en scène essoufflée — manquera-t-elle la fin de sa variation, — ce tournoiement où on ne voit plus d'elle qu'une jupe fouettée, crémeuse, épanouie, et deux jambes roses qui s'ouvrent et se joignent avec une régularité mécanique, déjà prisée des abonnés ?...

Elle n'est encore qu'une très jeune danseuse, engagée pour l'année au Grand-Théâtre de X... ; une pauvre belle fille éclatante, grande, « chère à nourrir » comme elle dit, et pas assez nourrie, parce qu'elle est enceinte de cinq mois.

Du père de l'enfant, pas de nouvelles.

— Croyez-vous qu'il est mauvais, cet homme-là ! dit Bastienne.

Mais elle en parle sans prendre à poignées ses cheveux sombres, si soyeux sur sa peau blanche, et son « malheur » ne l'a poussée ni vers le fleuve, ni vers le réchaud à braise. Elle danse, comme devant, et connaît trois puissants dieux : le directeur du Grand-Théâtre, la maîtresse de ballet et le patron de l'hôtel qui loge, avec Bastienne, une douzaine de ses camarades. Pourtant, depuis le matin où Bastienne, pâlissant pendant la leçon de danse, avoua, avec une simplicité paysanne : « Madame, c'est que je suis grosse ! » la maîtresse de ballet la ménage. Mais Bastienne ne veut pas de ménagements et repousse les prévenances d'un coup de coude indigné : « Quoi, je n'ai pas de maladies ! »

Le poids qui enfle sa ceinture, elle l'accepte, quitte à le rudoyer avec l'inconscience de ses dix-sept ans :

— Toi, je vais te mettre à la raison !

Et elle se serre, jalouse de montrer longtemps, surtout en scène, sa taille pliante, sa haute silhouette mince aux larges épaules. Elle injurie en riant son fardeau, le frappe du plat de la main : « Ce qu'il me donne faim ! » Elle commet, sans mauvaise pensée, les imprudences héroïques des filles sans le sou ; ayant payé sa semaine d'hôtel, elle se couche quelquefois sans avoir dîné ni soupé, en gardant son corset toute la nuit « pour couper la faim ».

Bastienne mène, enfin, l'existence laborieuse, indigente et gaie, des petites danseuses sans mère et sans amant. Entre la leçon de neuf heures du matin, la répétition de l'après-midi et la représentation du soir, elles n'ont guère la place de penser. Leur phalanstère misérable ignore le désespoir, parce qu'on n'y connaît ni la solitude ni l'insomnie.

Effrontées et sages, poussées par une rage d'estomac vide, Bastienne et sa compagne de chambre — une plate petite fille blonde — dépensent parfois leurs derniers sous dans la brasserie du Grand-Théâtre, après minuit, pour payer une canette de bière.

Assises l'une en face de l'autre, elles échangent à voix pointue les répliques d'un dialogue préparé :

— Moi, si j'avais de l'argent, je me payerais un bon sandwich au jambon !

— Oui, mais t'as pas de sous ! Moi, je n'en ai pas non plus, mais si j'en avais je me payerais bien un bon boudin grillé, avec de la moutarde et du gros pain...

— Moi, j'aimerais encore mieux une choucroute, avec beaucoup de ronds de saucisse...

Il arrive que la choucroute et le boudin grillé, qu'elles évoquent si fiévreusement, descendent, providentiels, entre les deux petites danseuses, escortés d'un généreux donateur qu'elles accueillent, taquinent, remercient et plantent là, le tout avant que la demie d'une heure ait sonné.

Cette mendicité innocente est l'invention de Bastienne à qui son « état » vaut, en outre, une curiosité proche de la considération. Ses camarades comptent les semaines et tirent les cartes pour y lire le sort de l'enfant... On s'occupe d'elle, on l'aide à sangler son corset de danseuse, et aïe donc ! en se pendant au lacet, un genou sur les reins robustes de Bastienne. On lui prodigue des conseils saugrenus, on lui vante des drogues de sorcière, on l'assiste, on lui crie comme ce soir dans les longs corridors noirs :

— Cours, Bastienne, cours !

On guette sa danse imprudente, on l'escorte surtout pour revenir à la loge, pour être là au moment où Bastienne, dégrafant sa cuirasse de supplice, menace en riant la plus jeune et la plus sotte des curieuses :

— Méfie-toi ! Il va te sauter au nez en faisant poum !

Il y a maintenant, dans le coin le plus chaud de la grande loge, un compartiment de vieille malle, tendu de papier à fleurettes, posé sur deux chaises. C'est le berceau pitoyable d'une toute petite Bastienne, vivace comme la mauvaise herbe. Sa mère l'apporte au théâtre à huit heures, l'emporte à minuit sous son manteau. Ce poupon secoué et rieur, ce bébé presque sans chemise, vêtu par des petites mains maladroites qui tricotent pour lui, gauchement, brassières et béguins, connaît pourtant l'enfance magnifique d'une princesse des contes de fées. Des esclaves d'Éthiopie en maillot couleur de café, des Égyptiennes aux bijoux bleus, des aimées demi-nues se penchent sur son berceau, tous les soirs, et lui donnent pour jouer leurs colliers, leurs éventails de plumes, leurs voiles qui colorent la lumière. La toute petite Bastienne s'endort et s'éveille sur de jeunes bras parfumés, et des visages de péris, roses comme le fuchsia, murmurent pour elle selon le rythme d'un orchestre lointain.

… Une fille brune d'Asie, qui veille à la porte, crie dans le couloir :

— Cours, Bastienne, cours ! Ta fille a soif !

Bastienne entre, essoufflée, lissant du bout des doigts ses raides jupes mousseuses, et court au compartiment de vieille malle. Sans prendre le temps de s'asseoir, ni de dégrafer son corsage ouvert, elle presse et délivre, à deux mains, un sein gonflé, bleuté de veines généreuses. Penchée, un pied en l'air, dans une pose classique de danseuse, ses jupes dressées autour d'elle en roue lumineuse — elle allaite sa fille.

II

— Tu vois, Bastienne, les Serbes, c'est ici, et puis la Grèce, là. Ça qui est pékiné à petites raies, c'est la Bulgarie. Partout là où que c'est noir, c'est le chemin qu'ils ont fait, les alliés, et les Turcs, ils sont forcés de reculer jusque-là. Tu comprends ?

Bastienne ouvre ses grands yeux couleur de tabac clair et hoche la tête poliment en faisant : « Mmm… Mmm… » Elle regarde longuement la carte où court l'index maigre et piqué de sa camarade Peloux, et s'écrie, enfin :

— Seigneur ! que c'est petit ! mais que c'est petit !

Peloux, qui n'attendait pas cette conclusion, éclate de rire, et c'est elle maintenant que contemplent, étonnés, les grands yeux de Bastienne, toujours un peu lents à changer de pensée.

Cette carte embrouillée, ces lignes de points, ces hachures, tout cela ne représente, pour Bastienne, qu'un confus dessin de broderie. Heureusement que Constantinople est là, en grosses lettres. Constantinople, on sait que ça existe, c'est une ville. Peloux a une sœur, une vieille sœur de vingt-huit ans qui a joué la comédie à Constantinople, devant...

— Devant qui, déjà, Peloux, que ta sœur a joué à Constantinople ?

— Devant le sultan, tiens ! ment Peloux avec aplomb.

Bastienne déchiffre encore un moment le journal, incrédule et déférente. Tant de noms qu'on ne peut pas lire ! Tant de peuples que personne ne connaît ! Car, enfin, Bastienne a dansé dans un *divertissement* qui réunissait les cinq parties du monde. Eh bien, les cinq parties du monde, c'étaient : l'Amérique, en fond-de-teint terre cuite ; l'Afrique, en maillots tête-de-nègre ; l'Espagne, avec des châles à effilés ; la France, en tutus blancs, et la Russie chaussée de maroquin rouge. S'il faut maintenant découper en *puzzle* la carte du monde et faire sortir de chaque case minuscule un petit peuple armé, méchant, dont personne n'avait jamais entendu parler, la vie devient bien compliquée... Bastienne jette un coup d'œil hostile sur les photographies nébuleuses qui flanquent la carte et déclare :

— D'abord, tous ces gens-là, ils ressemblent à des agents cyclistes, avec leurs casquettes plates ! Peloux, si tu donnais voir une bonne tape à la petite, pour lui apprendre à manger du fil ?

Fatiguée d'avoir regardé si longtemps de « l'écrit fin », Bastienne se redresse, soupire, et roule autour de son oreille, comme un ruban, une longue mèche de ses cheveux noirs. Elle abaisse sur sa fille, qui trotte à quatre pattes, un regard d'une majesté animale, puis se penche, relève un bout de jupon et de chemise et compte, sur un petit derrière rose et rond, une juste demi-douzaine de claques sonores.

— Oh ! proteste tout bas Peloux, effrayée.

— Laisse donc, dit Bastienne, je ne la tue pas. Et puis, elle est dure à son mal, ce n'est pas croyable.

De fait, on n'entend ni ces hurlements aigus ni ces pleurs dramatiques des enfants très jeunes, à suffocations longues. Un frottement rageur de petits chaussons sur le parquet, où la toute petite Bastienne se roule en boule comme une chenille qu'on vient de faire choir d'un groseillier — c'est tout...

... Sa maternité précoce, l'habitude, reprise, de manger tous les jours et d'avoir un gîte chaud ont rendu Bastienne magnifique. Un brave garçon de commerçant, ébloui autant qu'apitoyé, a emporté la mère et l'enfant, une nuit de Noël que Bastienne réveillonnait avec quatre sous de marrons chauds.

Sa récompense, c'est de retrouver le soir, dans l'étroit appartement d'où l'on voit couler un fleuve gris, cette grande Bastienne cordiale, gaie, un peu froide, et fidèle, occupée de son métier et de sa fille. Chez elle, elle s'épanouit, à l'aise dans un grand tablier de porteuse de pain noué sur son kimono, comme aujourd'hui, facilement décoiffée, avec cet air frais lavé et pas encore peigné qui pare ses dix-neuf ans.

C'est un bel après-midi de fête pour Bastienne et son amie Peloux. Pas de ballet en répétition au Grand-Théâtre, un temps sec de décembre qui fait ronfler le poêle, et quatre bonnes heures devant soi, et le café qui remplit goutte à goutte un filtre de fer-blanc... Peloux fronce un « juponnage » de travail, en grosse tarlatane blanc-bleuâtre, et trouve moyen, sans se piquer ni se tromper, d'avoir un œil sur les nouvelles de la guerre, sur la rue déserte, sur un catalogue de nouveautés.

— Bastienne, tu sais, on n'aura plus de pistaches grillées, rapport à la guerre ; c'est le vieux marchand turc qui me l'a dit... Voilà trois fois qu'il repasse, ce lieutenant-là... Bastienne, un manteau comme ça, en astrakan, hein, quand on sera riche ? Tu serais épatante là-dedans !

Mais l'âme paisible de Bastienne, son âme de danseuse popote et casanière, n'a point souci de fourrures. Le long des magasins, elle flatte de l'œil la toile écrue plus que le velours, et tâte du doigt les rudes torchons encadrés de rouge... Présentement, elle sourit, d'un air de volupté sage, à sa besogne préférée : debout, ses nobles bras couverts de mousse tiède, belle comme une reine au lavoir, elle savonne dans une cuvette, sans rien salir autour, le linge de sa fille... La vie, l'avenir, et même le devoir, pourquoi tout cela ne tiendrait-il pas entre ces quatre murs tendus de papier fleuri, dans cette salle à manger parfumée de café, de savon blanc et de racine d'iris ? Vivre, pour une Bastienne florissante, mais bien étrillée de misère, cela veut dire danser d'abord — et puis travailler, dans le sens humble et domestique que donne à ce mot la bonne race des femelles. Des bijoux, de l'argent, des robes... ce n'est pas que Bastienne, par un choix austère, les repousse, non — elle les ajourne. Ils sont là-bas, loin dans sa pensée, elle ne les appelle pas. Cela peut venir, un jour, comme un héritage, comme une cheminée s'abat sur votre tête, comme est venue déjà cette mystérieuse petite fille qui joue sur la carpette, et dont la saine croissance donne pourtant à Bastienne, chaque jour un peu plus, la notion du merveilleux, de l'imprévu...

L'an passé, tout semblait simple à Bastienne dans la vie : avoir faim, souffrir du froid, porter des bottines percées — se trouver seule et misérable avec des flancs lourds, « c'est un peu l'affaire de tout le monde », disait-elle bonnement. Tout était simple, tout l'est encore — sauf son enfant de quinze mois, sauf le petit ange blond, frisé et roublard, qui rage sans bruit sur le tapis. Pour une si jeune mère ingénue, un enfant, c'est une belle petite bête tiède à qui l'on distribue, selon l'âge, le lait, la soupe, les baisers et les taloches. Ça pousse, et l'on continue jusqu'à... mon Dieu, jusqu'à l'âge des premiers examens de danse. Mais voilà qu'en face de Bastienne, sous les chauds baisers et les claques cuisantes, se développe un petit être qui déjà pense, lutte et discute avant même que de savoir parler ! Bastienne n'avait pas prévu cela.

— Une fille de quinze mois, s'écrie-t-elle, qui n'est déjà plus de mon avis !

Peloux hoche la tête, avec l'expression pénétrée et pincée qui lui donne l'air, à vingt ans, d'une vieille fille, et raconte des histoires d'enfants prodigieux et criminels. C'est que la surprenante petite Bastienne, à quinze mois, sait déjà séduire, mentir, simuler la colique, tendre en sanglotant une main potelée sur laquelle personne n'a marché — elle connaît la force du mutisme obstiné et surtout elle sait feindre d'écouter ce que disent les grandes personnes, la bouche fermée, les yeux grands ouverts, si bien qu'il arrive à Peloux et à Bastienne de se taire brusquement, comme des pensionnaires, à cause de ce témoin inquiétant qui ressemble, entre ses boucles blondes, moins à un bébé qu'à un petit Éros malicieux.

C'est le visage de la toute petite Bastienne — et non le beau visage tranquille de sa mère, ni celui de Peloux déjà fané — qui reflète toutes les passions terrestres : la convoitise sans frein, la dissimulation, la révolte, la ruse séductrice.

— Ah ! qu'on serait tranquille, soupira Peloux, sans cette enfant de pie qui me boulotte mes aiguilles !

— Attrape-la, si tu peux quitter tes fronces, dit Bastienne. Moi, j'ai les mains dans le savon.

Mais l' « enfant de pie » s'est garée derrière la machine à coudre et ne montre, entre la tablette et la roue, qu'une paire d'yeux d'un bleu profond et dont on ne saurait dire, ainsi isolés, s'ils ont quinze mois, ou quinze ans, ou davantage…

— Viens ici, ma petite poison chérie ! supplie Peloux.

— Veux-tu venir ici, vice incarné ! gronde Bastienne.

Pas de réponse.

Les yeux bleus ont bougé, le temps de diriger sur Bastienne leur lumineuse insolence… Et si Peloux redouble de prières, Bastienne d'invectives, ce n'est pas dans la crainte que l'Éros blond et joufflu embusqué derrière la machine à coudre ne mange un cent d'aiguilles — c'est pour dissimuler leur gêne, leur embarras de grandes personnes candides, sous le regard d'un petit enfant insondable…

L'ACCOMPAGNATRICE

— Mme Barucchi va venir, madame, ne vous impatientez pas : elle vient de téléphoner pour dire qu'elle serait forcément en retard pour votre leçon, à cause du ballet de l'Empyrée qu'on répète en costumes. Vous avez bien une minute ?

— …

— D'ailleurs, nous sommes en avance, il est moins dix… Quand je dis « nous »… moi, je suis toujours à l'heure, je ne

— … ?

— Ce n'est pas que ce soit dur à proprement parler, mais c'est un peu triste, ce grand atelier nu. Et puis, le soir, j'ai quand même les reins tirés, d'être assise sur le tabouret de piano.

— …

— Si jeune ? mais je ne suis pas si jeune, j'ai vingt-six ans ! Ce que je me trouve vieille, à toujours faire la même chose tous les jours ! Vingt-six ans, un petit garçon de cinq ans, et pas de mari…

— … ?

— Oui, c'était à moi, ce petit garçon que vous avez vu hier. Quand il sort de l'école maternelle, Mme Barucchi veut bien que je le garde ici, pour que je ne me fasse pas de mauvais sang après lui. Il est mignon, il regarde travailler toutes ces dames, il sait déjà des pas : c'est un enfant qui observe beaucoup.

— …

— Oui, je sais bien, on me dit toujours que je fais un métier de vieille femme et que j'aurai bien le temps de me mettre accompagnatrice quand j'aurai des cheveux gris ; mais, moi, j'aime mieux tenir que courir. Et puis j'ai déjà beaucoup écopé dans la vie, je ne demande qu'à rester tranquille sur mon tabouret de piano… Vous regardez l'heure ? Un petit peu de patience ! Mme Barucchi ne peut plus tarder… C'est vrai que vous perdez votre temps, et moi, je me fais des rentes, en ce moment-ci, à me tourner les pouces. Ça ne m'arrive pas souvent !

— …

— C'est que je suis payée à l'heure. Deux francs cinquante.

— … !

— Vous trouvez que ce n'est pas beaucoup ? Mais songez donc, madame, tout le monde joue du piano — j'ai une voisine qui donne des leçons en ville à vingt sous le cachet : il faut qu'elle paye ses omnibus, et ses chaussures, et son parapluie qu'elle use… Moi, je suis à couvert toute la journée, au chaud — même trop au chaud : le poêle de l'atelier me tourne la tête quelquefois. Et puis j'ai la satisfaction d'être dans un milieu d'artistes, ça compense.

— ... ?

— Non, je n'ai pas fait de théâtre. Mais j'ai été modèle, avant d'avoir mon petit garçon. Ça m'a donné des goûts, des habitudes. Je ne pourrais plus vivre dans le commun. Un moment, il y a trois ans, Mme Barucchi me conseillait d'entrer au music-hall, de danser... « Mais, je lui disais, je ne sais pas danser. » « — Ça ne fait rien, me répondait-elle, tu te mettras danseuse nue : comme ça, tu ne te fatigueras pas à danser. » Je n'ai pas voulu.

— ... ?

— Oh ! ce n'est pas seulement pour ça. Une danseuse nue, comme on dit, n'en montre guère plus qu'une autre. Une danseuse nue, c'est toujours un peu égyptien, ce qui signifie dix bonnes livres de ceintures en métal travaillé, de plaques de poitrine, de treillages en perles pour les jambes, et des colliers depuis ici jusque-là, et des voiles à n'en plus finir... Non, ce n'est pas uniquement une question de convenances qui m'a fait refuser. C'est ma nature de rester dans mon coin et de regarder les autres.

» Ici, il en passe toute la journée, non seulement des dames de music-hall, mais des actrices, des vraies, qui jouent au boulevard, surtout à présent qu'on danse beaucoup dans les pièces. Je dois dire qu'elles sont un peu dépaysées, au début. Elles n'ont pas l'habitude de se déshabiller pour la leçon. Elles arrivent dans des robes de couturier, elles commencent par relever leur jupe et l'attacher avec des épingles anglaises, et puis elles s'agacent, la chaleur leur monte — elles dégrafent leur col — et puis elles enlèvent leur jupe — et puis c'est le tour de la chemisette... Enfin, c'est le corset qui s'en va, les épingles à cheveux qui tombent, et qui emmènent des cheveux avec, quelquefois, et la poudre de riz qui se mouille... Au bout d'une heure de travail, vous ririez de voir, à la place de la dame chic, une petite bonne femme tout en eau, qui souffle, qui rage, qui jure un peu, qui se frotte les joues avec un mouchoir, et qui se moque pas mal si son nez reluit, — enfin, une femme ordinaire, quoi ! Je n'y mets pas de méchanceté, je vous assure, mais ça m'amuse. Je fais mes petites études.

— ... ?

— Oh ! sûrement non, ça ne me donne pas envie de changer avec elles ! Rien que de me l'imaginer, je suis fatiguée. Même en dehors de la leçon, elles remuent tellement — du moins, je me le figure... Il faut les entendre se désoler : « Ah ! mon Dieu ! je dois être à tel endroit à cinq heures, et à cinq heures et demie chez la masseuse, et à six heures j'ai rendez-vous chez moi ! Et mes trois robes de scènes qui m'attendent ! Ah ! mon Dieu ! je n'y arriverai jamais !... »

« C'est effrayant. J'en ferme les yeux, elles me donnent sommeil. L'autre jour, tenez, Mme Dorziat, — mais, oui Mme Dorziat elle-même ! — disait très gentiment en parlant de moi à Mme Barucchi : « Cette pauvre petite qui me serine ma danse depuis une heure un quart, je ne voudrais pas être à sa place ! » Ma place, ma place — mais c'est celle qui me convient ! Qu'on m'y laisse, c'est tout ce que je demande. J'ai fait un peu la bête, dans mon jeune temps, mais j'en ai été si corrigée !... J'en suis restée craintive. Plus je regarde les autres se démener, plus j'ai envie de rester assise... Et puis, ici, on ne voit que la peine que les gens se donnent. La lumière du théâtre, les paillettes, les costumes, les figures maquillées, les sourires, ce n'est pas un spectacle pour moi, tout ça... Je ne vois que le métier, la sueur, la peau qui est jaune au grand jour, le découragement... Je ne sais pas bien me faire comprendre, mais mon imagination travaille là-dessus... C'est comme si j'étais seule à connaître l'envers de ce que les autres regardent à l'endroit...

— ... ?

— Me marier ? Oh ! non, j'aurais peur, à présent... Je vous dis, je suis restée craintive... Non, non, je vous assure, je suis bien comme je suis, je veux rester comme ça. Comme ça, avec mon petit garçon dans ma jupe, tous les deux bien à l'abri derrière mon piano...

LA CAISSIÈRE

Les chiens de garde, dans leur niche qui tourne le dos au vent d'ouest, sont mieux logés qu'elle. Elle gîte, de huit heures à minuit en soirée, de deux heures à cinq heures en matinée, sous l'escalier qui mène aux loges d'artistes, dans un creux humide, et son petit bureau de bois blanc râpé la défend seul contre le brutal courant d'air que lui jette en retombant la porte de fer sans cesse ouverte et refermée. Le calorifère d'un côté, l'escalier de l'autre lui soufflent le chaud et le froid et dérangent un peu son tour de boucles et sa petite pèlerine tricotée, dont chaque maille retient une perle de faux jais.

Depuis vingt-quatre ans, elle inscrit sur un registre le détail de la « limonade » qui se consomme tant aux fauteuils d'orchestre des Folies-Gobelins qu'au café des Folies attenant au théâtre : bocks, mazagrans, cerises... Une ampoule électrique pend au-dessus de sa tête, comme une poire au bout d'un fil, juponnée de papier vert, et l'on ne distingue d'abord qu'une petite main jaune, hors d'une manchette empesée... Une petite main jaune, propre, mais dont le pouce et l'index noircissent à force de compter la monnaie et les jetons de cuivre.

Avec un peu d'attention et d'habitude, on détaille facilement, dans l'ombre verte de la lampe, le visage de la caissière, un visage plissé de vieux lézard craintif et gentil, tout décoloré. Si on la piquait à la joue, en jaillirait-il, au lieu de sang, une pâle gouttelette de ce jus anémique qui baigne les cerises à l'eau-de-vie ?

Quand je descends à ma loge, la caissière me tend ma clef par-dessus une quintuple rangée de ces fameuses cerises, la spécialité de l'établissement : cinq cerises par portion dans une coupelle de verre, dressées en pyramide comme les arbustes en caisse d'un jardin à la française — et c'est l'encrier qui figure le miroir d'eau...

Je ne connais, de la caissière, que son buste incliné en avant par l'habitude d'écrire et le désir d'être aimable... Elle arrive aux Folies-Gobelins bien avant moi et s'en va à minuit. Marche-t-elle ? a-t-elle des jambes, des pieds, un corps de femme ? Tout cela a dû fondre, depuis vingt-quatre ans, derrière le petit bureau râpé.

Un lézard, oui, un bon petit lézard plissé, fragile et vieux, mais pas si craintif, en somme : il y a de l'autorité dans sa voix aigrelette, et elle témoigne à tous l'égale bonté des êtres dont la puissance n'est point menacée. La caissière traite les garçons du café en enfants tumultueux, avec des « tt... tt... » d'institutrice, et les artistes en enfants incorrigibles, irresponsables ou malades. Le vieux chef machiniste, tête grise et cotte bleue, lui parle en petit garçon : il n'est dans la maison que depuis dix-huit ans !

La caissière, obscurément, se sent immuable et fatiguée comme l'édifice même, et le mur de sa niche, jamais blanchi, jamais repeint, s'imprègne d'un noir brillant, d'une crasse vernissée et indélébile : malgré moi, je pense à la trace fumeuse qu'ont respectée les siècles, la trace d'une lampe à jamais éteinte, à Cumes, dans la grotte de la Sibylle...

C'est par notre bénigne sibylle que je sais, en trois mots, si le public est dense ou clairsemé, si la « limonade » languit ou coule à flots. Elle me renseigne sur la mine que j'ai, sur l'humeur des secondes galeries, et sur le succès du « début » de ce soir.

J'apprends même, par surcroît, qu'il fait froid dehors ou que le temps tourne à l'humide... Le temps ? qu'en sait-elle ? Pour gagner sa niche éventée, la caissière ne quitte-t-elle pas un autre sous-sol ténébreux, lointain, et ne chemine-t-elle pas en métro, sous la terre, toujours sous la terre ?...

Le son de l'orchestre arrive, étouffé, jusqu'à la caissière, portant parfois sur une vague de musique le cri d'un soprano populacier... Les applaudissements crépitent comme un éboulis lointain de cailloux.

La caissière tend l'oreille et me dit :

— Vous les entendez ? C'est pour la petite Jady, tout ça. Elle a bien pris ici. C'est un genre évidemment, son genre à elle, qu'elle a...

La voix est prudente, aimable ; à moi d'y deviner le blâme secret, un miséricordieux mépris pour toutes les choses et les créatures du music-hall...

La caissière aime la noire maison crasseuse des Folies-Gobelins, et sa niche, et sa lampe juponnée de vert, et ses plates-bandes de cerises à l'eau-de-vie... Ce qui se passe sur la scène ne la regarde point. Quand j'en sors, essoufflée, toute hors de moi, et que je crie à la caissière, en passant :

— Ce que ça a bien marché, ce soir, quel public en or ! Ils nous ont rappelés quatre fois !

Elle me sourit et me répond :

— C'est le moment de vous sauver vite dans votre loge, et de bien vous frictionner à l'eau de Cologne, si vous ne voulez pas attraper du mal.

Elle n'ajoute rien, qu'un regard de ses yeux fins sur ma robe entr'ouverte, sur mes pieds nus dans des sandales...

C'est aux Folies-Gobelins, chaude et noire couveuse, qu'est éclose l'insupportable petite Jady : deux jambes frémissantes, sensibles et intelligentes comme des antennes, une voix pointue, fragile, qui se brise, à chaque instant — comme les pattes d'insectes, ça se casse et ça repousse — et je célébrais l'autre jour, auprès de la caissière, le singulier mérite de cette chanteuse née pour danser.

— Oui, avoua la caissière, il faut bien dire que ce n'est qu'un cri sur elle. On raconte qu'elle a du piment, qu'elle a du chien, qu'elle a du poivre dans les jambes, est-ce que je sais ? Mais connaissez-vous sa petite fille ? Non ? Un amour, madame, une vraie beauté ! Et mignonne, et bien élevée ! Deux ans, et elle sait dire merci et s'il vous plaît, et envoyer des baisers !... Et raisonnable ! On peut la laisser seule une journée entière, songez !

Je songe, en effet. Je songe qu'un moraliste découragé, qu'un critique prudent et distingué se cache dans une niche noire, sous l'escalier de fer, aux Folies-Gobelins. Notre sibylle ridée ne nous crie pas : « Malheureux égarés que vous êtes, les mots famille, morale, hygiène, n'ont-ils plus de sens pour vous ? » Elle sourit, et murmure, au bout d'une phrase dont elle retient la conclusion :

— Songez !...

Il n'en faut pas plus pour que j'imagine, dans un logis du faubourg, un bébé de deux ans, *raisonnable,* abandonné, enfermé, qui attend sagement que sa mère ait fini de danser...

L'HABILLEUSE

— C'est moi, madame, c'est l'habilleuse. Madame a tout ce que madame a besoin ?

— … !

— Hein ? n'est-ce pas qu'en voilà d'une surprise ? J'étais sûre que je vous ferais de l'effet. Mais oui, c'est moi ! Vous ne pensiez pas de retrouver ici votre vieille Jeanne de l'Empyrée-Clichy ? Mais oui, je passe l'hiver à Nice, comme les Anglais. Et ça va ? Toujours contente ?

— …

— Moi de même, quoiqu'il y ait bien à dire là-dessus…

— …

— Oui, oui, je vous habille, bien entendu. La première pièce, c'est-y la robe bleue ou bien cette espèce d'intérieur rose ?

— …

— Bon ! une fois dit, je ne me tromperai plus. C'est vraiment riche, cette mousseline avec rien dessus. Ça habille bien. Vous vous souvenez ? c'est tout à fait le costume de la petite Myriame, à l'Empyrée.

— … ?

— La petite Myriame, vous savez bien, dans l'apothéose de l'aviation, dans la revue de ce printemps !... Ça vous fait une différence, est-ce pas, d'avec votre costume de l'Empyrée ?

— ... ?

— Mais celui de l'autre hiver ! La jupe paysanne et votre foulard sur la tête, et les sabots... Quand j'ai lu votre nom sur les affiches d'ici, le cœur m'a sauté : je vous ai revue comme dans votre pièce de l'Empyrée ; il me semblait que j'y étais encore !

— ... ?

— Moi ? pas du tout. Pour s'ennuyer, il faudrait avoir le temps. Je suis très prise, ici : c'est moi qui fais les loges, il n'y a pas de garçon de salle — un si petit théâtre ! Et matinée deux fois par semaine ! Et puis des conférences, qu'il faut que je sois là pour faire un point à ces dames des auditions, ou leur mettre une épingle... Pendant les actes, oui, je ne dis pas, le couloir est triste ; j'ai froid là, sur ma chaise. Je m'endors, je me réveille des fois en me croyant encore à l'Empyrée-Clichy... Pensez ! quand on a été quinze ans habilleuse dans le même établissement ! Et quinze ans de bons services, je peux le dire. Jamais je n'ai eu un mot de Mme Barney, « la patronne », comme vous disiez. Voilà une femme de mérite, madame ! Dure aux feignants, c'est possible, mais juste avant tout. C'est forcé qu'on ne regarde pas à sa peine, avec elle. Dans la dernière revue, vous vous souvenez, j'avais seize dames à habiller, huit dans mon couloir et huit sur le palier — vous savez, le palier de l'escalier qu'on avait organisé en loge, faute de place. Je ne dis pas que c'était des plus commode : des personnes qui se déshabillent n'aiment pas voir circuler à tout moment l'un et l'autre qui dégringolent les marches... Sans compter les courants d'air... Seize, qu'elles étaient ! J'en avais les doigts assassinés d'agrafes. Eh bien ! madame, je n'ai jamais fait manquer une entrée !

— ... ?

— Mais si, je suis contente ici ! Pourquoi voulez-vous que je ne sois pas contente ? M. Lafougère est très bon. Il a engagé mon fils, qui débute ce soir.

— ... ?

— Oh ! non, pas comme artiste, vous ne voudriez pas ! Il débute comme accessoiriste. Ça fait que vous débutez tous les deux ensemble. C'est pour sa santé que je suis venue ici. Le médecin m'a dit : « Il lui faut le Midi pour ses bronches. » M. Lafougère nous a engagés tous les deux.

— ... ?

— Mais non, vous n'êtes pas en retard ! Pensez-vous qu'on peut être en retard, ici ? Un spectacle annoncé pour huit heures et demie, ça commence à neuf heures, grandement. Ah ! nous ne sommes plus chez Mme Barney ! Le music-hall, je le dis toujours, c'est basé sur l'exactitude.

— ... ?

— Ce que vous entendez là ? C'est les artistes de la deuxième pièce, celle où vous dansez. Écoutez-les ! écoutez-les ! Et je te crie ! et je te chante ! et je te dispute ! Ça n'a ni tenue, ni respect. Non, mais, les entendez-vous ? De ce coup-là, je ne peux plus me croire à l'Empyrée-Clichy ! Vous qui y avez été, vous pouvez le dire si on entend un mot plus haut que l'autre dans la maison ! Le théâtre et le café-concert, ça fait deux, on a beau dire !…

— …

— Ah ! vous pouvez soupirer, allez ! Des fois, je me retiens de leur lâcher tout ce que je pense, à ces dames d'ici. Une, l'autre jour, qui me jette à la figure : « Fermez donc votre porte, Jeanne, quand on est toute nue dans la loge ! On voit bien que vous venez du music-hall ! » Un peu plus, je lui répondais : « Et vous, on voit bien que vous n'en venez pas ! On n'y aurait pas voulu de vous ! Au music-hall, on n'a pas besoin de petits criquets comme vous : il nous faut des personnes qui ont quelque chose à mettre dans leur maillot et dans leur corset… » C'est des paroles qu'il faut savoir conserver pour soi ; toute vérité n'est pas bonne à dire… Vos petits souliers mordorés et les bas, vous ne les gardez pas pour danser dans la deuxième pièce ?

— … !

— Possible que ça soye une pièce grecque, mais vous ne mettrez rien qui avantage la jambe comme des bas mordorés et des petits souliers comme ceux-là. L'essentiel pour la danse, c'est d'avantager la jambe. Enfin, mettons que je n'ai rien dit… Vous n'y êtes pas retournée, là-bas ?

— …

— Mais à l'Empyrée-Clichy, donc ! Vous ne savez pas si ma collègue y est encore : la mère Martin ?

— …

— Tant pire. J'aurais bien voulu avoir de ses nouvelles. Elle m'avait bien promis de m'écrire, mais l'envie lui a fait mal au cœur. Mon engagement ici m'a fait bien des envieux, vous savez. « À Nice ! — qu'elle disait, la mère Martin — à Nice ! Vous êtes dans les honneurs ! Vous pourrez aller faire fortune à Monte-Carlo ! »

— … ?

— Non, je n'y suis pas été. Mais j'irai ! J'irai, rien que pour leur dire, là-bas, que j'y suis été. Je le dirai à la mère Martin, et puis à Mme Cavellier…

— … ?

— Mme Cavellier, la romancière, la sœur à Rachel…

— … ?

— Mais si, voyons ! Mme Cavellier, que son mari est dans la claque, sa sœur danseuse américaine, et son fils vendeur de programmes dans la salle !… Mon Dieu ! que vous êtes oublieuse ! je n'aurais jamais cru ça de vous… Et Rita, vous ne vous en rappelez pas ? J'en étais sûre ! Eh bien ! elle n'y est plus.

— … ?

— Mais à l'Empyrée-Clichy, donc !

— ... !

— Comment ! je ne vous parle que de l'Empyrée-Clichy ? Mais de quoi donc est-ce que vous voudriez que je vous parle ? Ah ! vous êtes bien restée taquine, tout de même ! Ne me faites pas de mères, j'ai de l'amitié pour vous, parce qu'on y a été ensemble... Je peux bien vous le dire, à vous, vous ne vous moquerez pas de moi : hier, j'ai lu sur *Comœdia* le compte rendu de la *Revue de Noël*, à l'Empyrée-Clichy. Eh bien, à l'idée qu'ils s'étaient passés de moi pour le coup de feu de la répétition en costumes et de la générale, le journal m'est tombé des mains, et je me suis mise à pleurer comme une vieille bête...

CHIENS SAVANTS

— Tiens-la ! Tiens-la !... Ah ! la rosse, elle l'a encore mouchée !

Manette vient d'échapper au machiniste et de sauter sur Cora, qui s'y attendait. Mais la petite fox est douée d'une rapidité de projectile, et ses dents ont percé, à travers le poil épais de la colley, un peu de la peau du cou. Cora ne riposte pas tout de suite ; l'oreille tendue vers la sonnette de scène, les babines retroussées jusqu'aux yeux, elle menace seulement sa camarade d'une grimace de renard féroce et d'un petit râle étranglé, doux comme un ronron de petit chat.

Dans les bras de son maître, Manette hérisse les poils de son échine comme des soies de porc et s'étrangle à dire des choses abominables...

— A' vont se bouffer ! dit le machiniste.

— Penses-tu ? réplique Harry's. Elles sont plus sérieuses que ça. Les colliers, vite !

Il noue au cou de Cora le ruban bleu pâle qui fait valoir sa robe couleur de froment mûr, et le machiniste boucle sur le dos de Manette un harnais de carlin, en velours vert, clouté d'or, alourdi de médailles et de grelots.

— Tiens-la serré, le temps que j'enfile mon dolman…

Le gilet de tricot cachou, bruni par la sueur, disparaît sous un dolman saphir, matelassé aux épaules, qui étrangle la taille. Cora, retenue par le machiniste, râle plus haut et vise, au-dessus d'elle, le train postérieur de Manette, de Manette convulsée, effrayante, les yeux injectés et les oreilles coquillées en arrière.

— Une bonne tripotée, ça les calmerait pas ? hasarde le garçon en cotte bleue.

— Jamais avant le travail ! tranche Harry's, catégorique.

Derrière le rideau baissé, il vérifie l'équilibre des barrières qui limitent une piste d'obstacles en miniature, consolide la haie et la banquette, passe un chiffon de laine sur les barres nickelées des tremplins où rebondira la colley jaune. C'est lui aussi qui remonte de sa loge une série de cerceaux de papier, humides d'un collage hâtif.

— Je fais tout moi-même ! déclare-t-il. L'œil du maître !…

Dans son dos, l'accessoiriste hausse les épaules :

— L'œil du maître, oui ! Et nib de pourboire à l'équipe !

L' « équipe », composée de deux hommes, n'en garde pas rancune à Harry's, qui touche dix francs par jour.

— Dix francs pour trois gueules et dix pattes, c'est pas gras ! concède l'accessoiriste.

Trois gueules, dix pattes et deux cents kilos de bagages. Tout ça tourne, toute l'année, à la faveur de demi-tarifs en troisième classe. L'an dernier, il y avait une « gueule » de plus, celle du caniche blanc qui est mort : un vieux cabot hors d'âge, routier fini, qui connaissait tous les établissements de France et de l'étranger. Harry's le regrette et vante encore les mérites de défunt Charlot.

— Il savait tout faire, madame. La valse, le saut périlleux, le tremplin, les trucs du chien calculateur, tout ! Il m'en aurait appris, à moi qui en ai dressé quelques-uns, pourtant, des chiens pour les cirques ! Il aimait son métier, et rien que ça, et il était bouché pour le reste. Les derniers temps, vous n'en auriez pas donné quarante sous, si vous l'aviez vu dans la journée, tout vieux, quatorze ans au moins, tout raide de rhumatismes, avec les yeux qui pleuraient et son nez noir qui tournait au gris. Il ne se réveillait qu'à l'heure de son travail, et c'est là qu'il fallait le voir ! Je le maquillais comme une jeune première : et le cosmétique noir au nez, et le crayon gras pour ses pauvres yeux chassieux, et la poudre d'amidon tout partout pour le faire blanc de neige, et les rubans bleus ! Ma parole, madame, il ressuscitait ! Pas plutôt maquillé, il marchait sur ses pattes de derrière, il éternuait, il n'avait pas de cesse qu'on frappe les trois coups... Sorti de scène, je l'enveloppais dans une couverte et je le frictionnais à l'alcool. Je l'ai bien prolongé, mais ça ne peut pas durer éternellement, un caniche savant !...

» Ces deux-là, mes chiennes, elles vont bien, mais ce n'est plus ça. Elles aiment leur maître, elles craignent la cravache, elles ont de la tête et de la conscience, mais l'amour-propre n'y est pas. Elles font leur numéro comme elles tireraient une voiture, pas plus, pas moins. C'est des travailleuses, c'est pas des artistes. À leur figure, on voit qu'elles voudraient avoir déjà fini, et le public n'aime pas ça. Ou bien il pense que les bêtes se moquent de lui, ou bien il ne se gêne pas pour dire : « Pauvres bêtes ! ce qu'elles

sont tristes ! Ce qu'on a dû les martyriser pour leur apprendre tant de singeries ! » Je voudrais les voir, tous ces messieurs et ces dames de la Protectrice, en train de dresser des chiens ! Ils feraient comme les camarades. Le sucre — la cravache — la cravache — le sucre — et une bonne dose de patience : il n'y a pas à sortir de là… »

Les deux « travailleuses », à cette heure, ne se quittent pas de l'œil. Manette tremble nerveusement, perchée sur un billot de bois bariolé ; Cora, en face d'elle, couche les oreilles comme un chat fâché…

Sur un trille de timbre, l'orchestre interrompt la lourde polka qui trompait l'attente du public, et commence une valse lente ; comme obéissant à un signal, les chiennes rectifient leur attitude : elles ont reconnu *leur* valse. Cora bat mollement de la queue, dresse ses oreilles et prend cette expression neutre, aimable et ennuyée, qui la fait ressembler aux portraits de l'impératrice Eugénie. Manette, insolente, luisante, un peu trop grasse, guette la montée pénible du rideau, puis l'entrée d'Harry's, bâille, et halette déjà, d'agacement et de soif…

Le travail commence sans incident, sans révolte. Cora, avertie par un cinglement de mèche sous le ventre, ne triche pas au saut des barrières. Manette marche sur les pattes de devant, valse, aboie, et saute aussi les obstacles, debout sur le dos de la colley jaune. C'est de l'ouvrage banal, mais correct ; il n'y a rien à redire.

Les gens grincheux reprocheraient peut-être à Cora son indifférence princière, et à la petite fox son entrain factice... On voit bien qu'ils n'ont pas, les gens grincheux, des mois de tournée dans les pattes, et qu'ils ignorent le fourgon à chiens, l'auberge, la pâtée au pain qui gonfle et ne nourrit pas, les longues heures d'arrêt dans les gares, les trop brèves promenades hygiéniques, le collier de force, la muselière — l'attente surtout, l'attente énervante de l'exercice, du départ, de la nourriture, de la raclée... Ils ignorent, les spectateurs difficiles, que la vie des bêtes savantes se passe à attendre, et qu'elles s'y consument...

Les deux chiennes n'attendent, ce soir, que la fin du numéro. Mais dès la chute du rideau, quelle belle bataille ! Harry's arrive juste à temps pour les arracher l'une à l'autre, mouchetées de morsures roses et leurs rubans en loques.

— C'est un genre, madame, un genre qu'elles ont pris ici ! crie-t-il, furieux. Elles camaradent bien, d'habitude, elles couchent ensemble, dans ma chambre, à l'hôtel. Seulement, ici, c'est une petite ville, n'est-ce pas ? On n'y fait pas comme on veut. À l'hôtel, la patronne m'a dit : « Je veux bien d'un chien, mais pas de deux ! » Alors, comme je suis juste, je laisse tantôt l'une, tantôt l'autre de mes deux chiennes passer la nuit au théâtre, dans le panier cadenassé. Elles ont compris tout de suite le roulement. Et c'est tous les soirs la comédie que vous venez de voir. Dans la journée, elles sont douces comme des moutons ; à mesure que l'heure de boucler approche, c'est à qui des deux ne restera pas dans le panier grillé ; elles se mangeraient de jalousie ! Et vous ne voyez rien ! Ce qui est un vrai spectacle, c'est la tête de celle que j'emmène avec moi, qui fait exprès de japper, de sauter à côté du panier où j'enferme l'autre ! Je n'aime pas l'injustice avec les bêtes, moi. Je pourrais faire autrement que je le ferais, mais quand on ne peut pas, n'est-ce pas ?...

Je n'ai pas vu Manette, ce soir, partir, arrogante et radieuse ; mais j'ai vu Cora, enfermée, figée dans un désespoir contenu. Elle froissait contre l'osier sa toison blonde et tendait hors des barreaux son doux museau de renard.

Elle écoutait s'éloigner le pas de son maître et le grelot de Manette. Quand la porte de fer se referma sur eux, elle enfla sa poitrine pour jeter un cri ; mais elle se souvint que j'étais là encore, et je n'entendis qu'un profond soupir humain. Puis elle ferma les yeux fièrement, et se coucha.

L'ENFANT PRODIGUE

—

— Il y a vraiment beaucoup d'enfants dans ce spectacle, vous ne trouvez pas, madame ?

Ceci m'est jeté, d'un ton pincé et supérieur, par une forte dame blonde — spécialité de valses lentes — ensachée pour l'instant dans un kimono de crépon à sept quatre-vingt-quinze, le kimono que vous trouveriez dans toutes les loges de music-hall. Le sien est rose, avec des cigognes imprimées ; le mien, bleu, semé de petits éventails verts et rouges, et la dresseuse de colombes en a un mauve, à fleurs noires.

La forte dame, pas contente, vient d'être bousculée par trois gosses, hauts comme des chiens de chasse, en costumes de Peaux-Rouges, qui montent en courant se démaquiller. Mais son mot amer vise une personne silencieuse, une sorte de gouvernante triste, de noir vêtue, qui fait les cent pas dans le couloir.

Ayant dit, la forte dame toussote d'une manière distinguée et rentre dans sa loge, après avoir toisé la gouvernante, qui sourit vaguement de mon côté et hausse les épaules.

— C'est pour moi qu'elle dit ça... Elle trouve qu'il y a trop d'enfants dans le spectacle... Eh bien, et moi, donc ! à commencer par la mienne, d'enfant, d'abord !...

— Comment ? vous n'êtes pas contente ? Mais la « Princess Lily » a un succès fou !

— Oui, je sais bien... Elle est démontante, ma fille, n'est-ce pas ? C'est ma fille, ma vraie... Attendez que je vous agrafe dans le dos, vous ne pouvez pas y arriver... Laissez donc, j'ai l'habitude. Et puis, j'ai le temps. Ma fille est avec le coiffeur qui lui fait ses anglaises... J'aime bien rester un peu avec vous... D'autant qu'elle m'a disputée tout à l'heure...

Dans la glace, derrière moi, je vois une bonne figure humble, des yeux humides...

— Mais certainement qu'elle m'a disputée... Je vous dis, madame, elle me démonte, cette enfant-là, pour ses treize ans. Oh ! elle ne les porte pas, et puis on l'habille en plus jeune pour la scène. Ce n'est pas pour la renier, ni pour en dire du mal que j'en parle.

» Sans se flatter, on peut soutenir qu'il n'y a pas plus joli ni plus mignon qu'elle, quand elle joue son morceau de violon, dans sa robe blanche de bébé... Et quand elle chante en italien, vous l'avez vu, son costume de petit Napolitain ?... Et sa danse américaine, vous l'avez vue aussi ?

» Le public sait faire la différence entre un joli numéro comme celui de ma fille et celui de ces trois petits malheureux qui viennent de remonter... Ils sont maigres, madame ! et puis craintifs... ils roulent des yeux affolés à la moindre faute qu'ils font dans leur travail : « Ils font pitié ! » que je disais, l'autre jour, à Lily.

» — Peuh ! qu'elle me fait, ils ne sont pas intéressants. »

» Je sais bien que c'est un peu l'esprit de concurrence qui la fait parler, mais tout de même elle a des mots qui me renversent...

» Je vous raconte ça, n'est-ce pas ? c'est entre nous... Je suis nerveuse, à cause qu'elle m'a disputée, moi, sa mère.

» Ah ! je ne le bénis pas, celui qui a fait monter Lily sur les planches ! C'est pourtant un monsieur très bien, qui écrit des pièces. Je faisais des journées chez sa dame, j'étais lingère pour la lingerie fine. Sa dame était très aimable : elle voulait bien que Lily vienne m'attendre chez elle, en sortant de l'école.

» Un jour, voilà quatre ans bientôt, le monsieur en question cherchait une petite fille intelligente pour un rôle d'enfant, et en s'amusant, il me demande ma Lily... Ça n'a pas traîné, madame ! La petite les a tous épatés. Un aplomb, et la mémoire, et l'intonation, et tout ! Moi, je n'ai pris ça au sérieux que quand j'ai vu qu'on payait Lily jusqu'à huit francs par jour... Qu'est-ce que vous voulez objecter à ça ?...

» Après cette pièce-là, c'en a été une autre, et puis une autre. Et chaque fois, je disais : « Ce coup-ci, c'est la dernière fois que Lily joue ! » Ils se mettaient tous après moi : « Mais taisez-vous donc !

Mais lâchez-le donc, votre sacré métier de lingère ! Vous ne voyez donc pas que vous avez entre les mains une enfant en or ! Sans compter que vous n'avez pas le droit d'étouffer une vocation comme la sienne ! » Et ceci, et cela, que je n'osais plus souffler…

» Pendant ce temps-là, ma petite se débrouillait, il fallait voir ! À tu et à toi avec des célébrités, et disant « mon cher » au directeur. Sérieuse comme un notaire, ce qui faisait tordre tout le monde.

» Enfin, voilà deux ans, arrive un moment où ma fille se trouve sans emploi. « Dieu merci ! que je pense, on va se reposer, et s'établir avec les petites économies du théâtre ! » J'en parle à Lily, comme je le devais — elle m'impressionnait déjà tellement avec ses manières de tout savoir. Savez-vous ce qu'elle me répond ? « Ma pauvre maman, tu dérailles. Je n'aurai pas toujours onze ans, malheureusement. Il ne s'agit pas de s'endormir. Il n'y a rien à faire dans les théâtres cette saison, mais le music-hall est là pour un coup ! »

» Et vous pensez, madame, qu'elle n'a pas manqué d'être encouragée par les uns et les autres, par tous ceux que ça ne regarde pas ! Douée comme elle l'est, elle a eu bientôt fait d'apprendre le chant et la danse… Ce qui la préoccupe, c'est de grandir. Je la mesure tous les quinze jours : elle voudrait tant rester petite ! Elle rageait, le mois dernier, parce qu'elle avait pris deux centimètres sur l'an passé :

« Tu n'aurais donc « pas pu me faire naine », qu'elle me reprochait.

» Le terrible, c'est le genre qu'elle a pris dans les coulisses, et l'autorité ! Elle abuse avec moi, je suis faible... Aujourd'hui encore, elle m'a disputée. Elle m'avait si mal répondu, j'ai eu un mouvement de vivacité, je suis montée sur mes grands chevaux : « Enfin, quoi ! je suis ta mère, après tout ! Et si je t'emmenais tout de suite par la main, et que je t'empêche de faire du théâtre ? »

» Elle était en train de se faire les yeux ; elle ne s'est même pas retournée, elle s'est mise à rire : « M'empêcher de faire du théâtre ? Ah ! là là ! C'est-y toi qui iras leur chanter *Chiribiribi* à ma place pour payer le terme ? »

» Les larmes m'en sont montées aux yeux, madame : c'est dur d'être humiliée par son propre sang... Mais ce n'est pas encore tant ça qui m'a fait de la peine. C'est... je ne sais pas comment expliquer ça... Des fois je la regarde, et je me dis : « C'est ma petite fille, elle a treize ans. Il y a quatre ans qu'elle fait du théâtre. Les répétitions, les potins de coulisses, les injustices de la direction, les questions de vedette, les affiches, les jalousies des camarades, le chef d'orchestre qui lui en veut, le machiniste qui a sonné trop tôt ou trop tard au rideau, la claque, le costumier... Voilà tout ce qu'elle a dans la tête et dans la bouche, depuis quatre ans. Depuis quatre ans, je ne l'ai pas entendue parler comme une enfant... Et plus jamais, plus jamais, je ne l'entendrai parler comme une enfant — une vraie enfant... »

LE LAISSÉ-POUR-COMPTE

I

Les machinistes la nomment « une poule de choix » ; mais la famille Schmetz — huit acrobates, leur mère, leurs femmes et leurs « demoiselles » — ne parlent jamais d'elle, et les duettistes danseurs, Ida et Hector, ont dit sévèrement qu'elle est « la honte de la maison ». Jady, la diseuse montmartroise, a pris son plus râpeux contralto pour s'écrier, en la voyant :

— Ah ! là là, ce numéro !

L'autre a répliqué par un regard impérial, de haut en bas, et un déploiement épateur de sa longue écharpe d'hermine...

La réprouvée s'appelle, pour le public, « la Roussalka ». Mais pour le personnel du caf'-conc', elle fut, tout de suite, « la Poison ». Depuis six jours seulement, elle affole de son encombrante présence l'austère sous-sol de l'Élysée-Pigalle. Danseuse ? Chanteuse ? Peuh ! ni l'une ni l'autre...

— Elle déplace de l'air, v'là tout ! assure Brague.

Elle chante des chansons russes et danse la *jota*, la *sevillana*, le *tango*, revus et corrigés par un maître de ballet italien — de l'Espagne « goût français », quoi !

Dès la répétition d'orchestre du vendredi, toute la maison la regardait de travers. La Roussalka répétait en robe de liberty pensée et en chapeau, avec les mains dans son manchon, indiquant la *jota* à petits coups discrets de son derrière entravé, s'arrêtant pour crier : « Ce n'est pas ça, Jésus ! Ce n'est pas ça ! », trépignant, appelant les musiciens : « Brutes ! »

La mère Schmetz, qui raccommodait au promenoir les maillots de ses fils, en a failli quitter la place.

— Ça, une *ardisde* ! ça, une *tanzeuse* ! Ach ! c'est une femme de *drodoir,* oui !

Et la Roussalka continuait, « avec un culot à bouffer père et mère », selon l'énergique métaphore de Brague, malmenant l'accessoiriste, injuriant l'électricien, exigeant la rampe au bleu pour son lever de rideau, et un projecteur en rouge pour la fin de sa danse, et quoi encore ?

— J'ai passé par tous les établissements de l'Europe, criait-elle, et je n'ai jamais vu une boîte tellement mal organisée !

Elle roulait les *rrr* d'une façon insultante, comme si elle vous eût jeté en pleine figure des poignées de petits cailloux…

On ne voyait qu'elle, on n'entendait qu'elle, à cette répétition d'orchestre. Le soir, on s'aperçut qu'elles étaient deux : en face de la Roussalka brune, brasillante de paillons violets et de fausses topazes, dansait une molle enfant blonde, gracieuse, inconsistante.

— C'est ma « sœurrr » ! déclarait la Roussalka, à qui on ne demandait rien.

La Roussalka a d'ailleurs une manière outrageante d'affirmer, de donner sa « parrrole d'honneurrr », qui révolte les plus candides.

Sœur, cousine pauvre domestiquée, ou petite danseuse louée pour un morceau de pain, on ne sait pas. Une enfant très jeune, qui danse en dormant, moutonnière, jolie, avec des yeux bruns, larges et vides. La *sevillana* finie, elle s'appuie une minute au portant, la bouche ouverte, puis regagne sans bruit le sous-sol, pendant que la Roussalka commence son *tango*.

— C'est une encore qui danse avec ses mains ! dit Brague tout haut.

Ses mains, ses bras, ses hanches, ses yeux, ses sourcils et ses cheveux — les pieds, malhabiles, ne savent ce qu'ils font. Mais l'outrecuidance rastaquouère de la Roussalka sauve tout, et la vaniteuse insolence de ses moindres gestes. Elle se loue d'un faux pas, s'applaudit d'un entrechat manqué, et n'attend pas de reprendre son souffle, dans la coulisse, pour parler, parler, parler, mentir, avec une abondance de Méridionale née en Russie.

Elle parle à tout le monde, familière comme une princesse saoule. Elle arrête par l'épaule un des blonds fils Schmetz, en maillot mauve, qui rougit, baisse les yeux et n'ose s'enfuir : elle bloque dans un coin la mère Schmetz qui lui répond des « *Ia* » secs comme des gifles ; le régisseur rigolard en entend de tous les calibres ; et Brague, donc, qui sifflote pendant qu'elle parle, parle, parle !

— Ma famille... Mon pays... Je suis Russe... Je parle quatorze langues, comme tous mes compatriotes... J'ai pour six mille francs de robes de scène, pour ce petit numéro de rien du tout... Mais vous verrez, mon cherrr, mes robes de ville ! L'argent n'est rien pour moi !... Je ne peux pas vous dire mon véritable nom : qu'est-ce qui se passerait, alors !... Mon père a la plus belle situation de tout Moscou. Il est marié, vous savez ! Seulement il n'est pas marié avec ma mère... Il me donne tout ce que je veux... Vous avez vu ma sœur ? C'est une propre à rien. Je la bats beaucoup, elle ne veut rien faire. Mais au moins elle est pure ! Sur ma vie, vous savez, elle l'est !... Vous ne m'avez pas vue, à Berlin, l'an passé ? Là, il fallait me voir ! un numéro de trente-deux mille francs, mon cherrr ! Avec cette crapule de Castillo, le danseur. Il m'a volée, sur ma vie ! Mais en passant la frontière russe, j'ai tout dit à mon père, et on a coffré Castillo. En Russie, nous sommes terribles pour le vol. Coffré, mais coffré ! Comme ça !

Elle fait le geste de tourner une clef dans la serrure, et ses yeux cernés de bleu gras brillent méchamment. Puis elle descend, essoufflée, à sa loge, et se détend les nerfs en giflant sa « sœur » à tour de bras. De belles gifles de théâtre, sonores, mais qui claquent au vrai sur les joues enfantines. On les entend dans le couloir. La mère Schmetz, indignée, parle de se « blaintre au dribunal » et serre contre elle les derniers nés de la tribu, deux blondins de sept et huit ans, comme si « la Poison » allait les fesser…

Quel feu malfaisant consume ce bout de femme ? La semaine n'est pas finie qu'elle a jeté un soulier de satin à la tête du chef d'orchestre, traité le secrétaire général de « souteneur » ; et l'habilleuse, accusée d'un vol de bijoux, sanglote… Où sont les calmes soirées de l'Élysée-Pigalle, et la paix endormie de ses cellules aux portes closes ? On n'en peut plus. « La Poison » a tout gâté.

— Elle me court ! menace Jady. Qu'elle me dise un mot ! Pas même : qu'elle me touche en passant dans une porte, et je la sors !

Brague, pour un peu, aiderait Jady : il ne digère pas l'inexcusable succès de la Roussalka qui rutile parmi les maillots reprisés, les robes passées à la neufaline et les décors enfumés, comme un bijou en toc tout neuf.

— J'aime bien ma tranquillité, chuchote Ida à Brague. Personne n'a jamais rien eu à dire sur mon mari ni sur moi, n'est-ce pas ? Eh bien, je vous assure, « quante » je sors de scène, vous savez, « quante » j'emporte Hector debout sur mes mains, et que je vois cette « poison » qui rigole après nous deux, pour un peu je lui laisserais tomber Hector sur la tête !

Personne ne s'occupe plus de la petite « sœur » blonde, qui ne dit mot et danse en somnambule, entre deux gifles. On la rencontre dans les couloirs, l'épaule tirée par le seau de toilette ou le broc plein d'eau. Elle traîne des savates poisseuses et des jupons qui pendent par derrière, miséreux.

Mais, après le spectacle, la Roussalka l'affuble d'une robe à martingale, un peu flottante sur son jeune corps plat, d'un chapeau qui lui descend jusqu'aux reins, et l'emmène, les joues frottées de rose et les cils gommés, dans les bars de nuit de la Butte. Elle l'assied, docile et mal éveillée, devant des cocktails, et parmi l'étonnement blagueur des « amis » de rencontre, recommence à parler, parler, mentir :

— Mon père... le plus haut fonctionnaire de Moscou... Je parle quatorze langues... Moi, je ne mens jamais ; mais les Russes, mes compatriotes, sont tous des menteurs... J'ai fait deux fois le tour du monde sur un yacht princier... Tous mes bijoux sont à Moscou, ma famille me défend de les porter à la scène, à cause des couronnes ducales qui sont dessus...

La petite sœur continue à dormir éveillée. Elle a de temps en temps un sursaut étonné, quand l'un des « amis » serre sa taille mince ou caresse son cou nu, tout mauve de blanc-de-perle. Sa surprise déchaîne la colère de la Roussalka.

— Allons, toi ! où es-tu encore ? Jésus ! Quelle vie, de traîner après moi cette fille !

Elle prend à témoin les « amis » et le restaurant tout entier :

— Vous la voyez, cette propre à rien ? L'argent qu'elle m'a coûté ne tiendrait pas sur cette table ! Tout le jour, je pleure à cause d'elle qui ne veut rien faire, rien, rien !

L'enfant giflée ne bat pas des cils. À quel jeune passé, à quelle évasion rêvent ces grands yeux bruns, mystérieux et vides ?

II

— Ça, édicte Brague, c'est une gosse qu'on collera dans la figuration. Une de plus, une de moins... elle gagnera toujours ses quarante sous... quoique j'aime pas beaucoup m'appuyer des laissés-pour-compte... Je le dis pour qu'on le sache une autre fois...

Brague parle en maître, au noir royaume de l'Élysée-Pigalle, où ses doubles fonctions de mime et de metteur en scène lui assurent une autorité indiscutée.

Le « laissé-pour-compte » n'en a cure, on dirait. Elle remercie vaguement, d'un sourire vide, qui ne remonte pas jusqu'à ses grands yeux couleur de café trouble, et reste là, les mains pendantes, tortillant l'anse d'un réticule fané.

Brague vient de la baptiser : on l'appellera le « Laissé-pour-Compte ». La semaine dernière elle était la « petite sœur propre à rien » — elle gagne au change.

D'ailleurs elle décourage la méchanceté, et même l'attention, cette abandonnée que la Roussalka, sa « sœur », vient de planter là, sans bruit, lui laissant trois chemises de soie déchirées, deux « tailleurs » trop grands, et des souliers de soirée à boucles de strass, sans compter un chapeau et la clef de la chambre qu'elles occupaient ensemble, rue Fontaine.

La Roussalka, « la Poison », cette bourrasque, ce nuage chargé de grêle qui crevait au moindre choc, a montré dans sa fuite une étrange discrétion, emportant ses quatre malles, ses « papiers de famille », le portrait de son *pèrrre* « qui fait la pluie et le beau temps à Moscou », mais oubliant la petite sœur qui dansait avec elle, docile, endormie, et comme lourde de gifles…

Le « Laissé-pour-Compte » n'a pas pleuré, ni crié. Elle a exposé son cas à Mme la directrice, en peu de mots, avec un accent flamand qui sied à sa figure de mouton blond. Madame ne s'est pas répandue en protestations apitoyées — pas plus que Jady, la diseuse, pas plus que Brague. Le « Laissé-pour-Compte » atteint ses dix-huit ans, elle est d'âge à sortir toute seule et à se débrouiller.

— Dix-huit ans ! ronchonnait Jady, crevée de noce et de bronchite. Dix-huit ans ! et elle voudrait que je la plaigne !

Brague, brave type au fond, a eu un bon mouvement :

— Quarante sous, que j'avais dit ? On va lui f… trois francs, pour lui donner le temps de se retourner.

Depuis, le « Laissé-pour-Compte » vient s'asseoir, tous les jours, à une heure, sur un des fauteuils entoilés de l'Élysée-Pigalle, et attend. À l'appel de Brague : « En scène, les grandes hétaïres ! » elle gravit la passerelle qui enjambe l'orchestre, et va s'installer devant une table de caboulot, en zinc poisseux. Dans la pantomime en cours de répétitions, elle sera, sous une robe rose retapée, une « soupeuse élégante » de cabaret montmartrois.

On ne la voit presque pas, de la salle, parce qu'on l'a mise tout au fond de la scène, derrière les chapeaux de ces dames de la figuration, immenses et minables. L'accessoiriste pose devant elle un verre vide et une cuillère, et elle s'accoude, son menton enfantin posé sur son gant sale.

C'est une pensionnaire de tout repos. Elle ne bavarde pas en scène, elle ne se plaint pas du courant d'air sifflant qui glace les jambes, elle n'a pas, comme la môme Myriam, ce regard malheureux, enragé et affamé, qui demande à manger, ni l'activité fébrile de Vanda la Pondeuse, qui tire à chaque minute de sa poche une chaussette d'enfant trouée ou une brassière en finette qu'elle coud en se cachant…

Le « Laissé-pour-Compte » est retombé dans l'oubli, avec un air de dire : « Enfin ! », de s'y coucher en rond, comme si l'indifférence générale la délivrait du souci d'exister. Elle parle encore moins que la danseuse étoile, une Milanaise lourde, marquée de la petite vérole, bardée de médailles bénites et de cornes de corail. Celle-ci, du moins, ne se tait que par mépris, appliquée à ses pointes, à ses entrechats-six, à toute son acrobatie laborieuse et sans grâce qui met en jeu des muscles de matelot.

Au premier plan, Brague se démène, point ménager de ses forces.

— A-t-il de la chance de suer comme ça ! soupire la môme Myriam, pâle de froid sous son rouge.

Le mime Brague sue — vainement. Il s'use à vouloir communiquer sa foi, sa fièvre à la petite grue en fourrures pelées, à la ravaudeuse obstinée, à la danseuse rogue. Il exige — ô folie ! — que Myriam, Vanda et l'italienne aient l'air de s'intéresser à l'action :

— Je vous dis, bon Dieu ! je vous dis que c'est le moment que les deux types commencent à s'attraper ! Quand deux types s'attrapent à côté de vous, c'est tout ce que ça vous fait ? Grouillez-vous, bon Dieu ! Faites : « Ah ! » comme quand y a une engueulade dans un bar, et qu'on gare ses robes, comme ça !...

Après une heure d'efforts, de cris, de fureur, Brague se repose, se récompense, en travaillant sa grande scène, la scène où il lit la lettre de sa mère. La joie, la surprise, puis l'épouvante, enfin le désespoir se peignent sur sa figure couturée avec une telle intensité d'expression, un excès si pathétique, que Vanda cesse de coudre, Myriam de battre la semelle et la danseuse italienne, serrée dans son fichu de laine grise, daigne quitter le portant pour regarder Brague pleurer. Petit triomphe quotidien, savoureux quand même.

Pourtant, chaque fois, un gloussement léger, comme un rire qu'on étouffe, trouble cette minute émouvante. La fine oreille de Brague l'a perçu, dès le premier jour...

Le deuxième jour :

— Laquelle que c'est, l'andouille qui se gondole ? s'écrie-t-il.

Pas de réponse, et les visages mornes des « grandes hétaïres » ne révèlent rien.

Le troisième jour :

— Il y a quarante sous d'amende qui vont tomber sur la poire à je sais bien qui, pour trouble de répétition !

Mais Brague ne sait pas qui...

Enfin, le quatrième jour :

— Le « Laissé-pour-Compte », est-ce que tu te payes mon citron ? éclate Brague... Décarcassez-vous, oui, tâchez de mettre dans ce que vous faites un peu de... vie tragique, de... beauté véridique et simple, de sortir, enfin, des pantomimes à la mie, pour arriver à quoi ? à faire se gondoler des numéros comme le laissé-pour-compte !

Une chaise tombe, et l'on voit surgir de l'ombre funèbre un « Laissé-pour-Compte » tremblant, pâle, qui chevrote :

— Mais, mons... monsieur Brague... je... ne ris pas... je pleure !

III

Je suis un type vraiment épatant,
Un type qu'aim' bien les enfants,
Les mignons enfants,
Ah ! les carcans !...

Adossée à un mât de fer, le « Laissé-pour-Compte » se balance comme un petit ours captif, pour frotter machinalement ses omoplates poudrées à la fraîcheur du métal. Elle écoute et regarde, de très loin, celui que le compère vient de présenter à la commère comme un bonbon de choix, en pinçant deux doigts qui semblent tenir un papillon plié :

— La mode est aux plébiscites, ma chère amie ; je suis heureux de vous annoncer celui qu'une imposante majorité vient d'élire prince du Rire : notre joyeux camarade Sarracq !

« La redingote ne lui va pas si bien qu'à Raffort, songe le « Laissé-pour-Compte ». Et déjà, à Raffort, on voyait bien qu'elle n'avait pas été faite pour lui... »

Elle compare la redingote gris perle de Sarracq, trop large, trop longue, au frac de satin violet qui bride le grassouillet compère. Celui-ci s'applique, le bras arrondi et l'épaule en l'air, à cacher que les manches sont trop courtes. Quand il remonte, dos au public, il efface et serre des reins inquiets, à l'étroit dans la culotte qui s'élime...

Une chaleur sinistre pèse sur cette fin de soirée. Ce n'est pas l'orage qui exaspère et dont on attend la rupture diluvienne. C'est une nuit d'août, succédant à des jours et des nuits sans nuages et sans eau. C'est la sévère chaleur de l'été, qui a pénétré lentement jusqu'aux coulisses obscures, jusqu'aux sous-sols moisis de l'Empyrée-Palace. Les artistes le savent bien. On n'entend plus de cris, plus de rires ; les loges même de la figuration, béantes sur les couloirs, ne résonnent plus de l'hygiénique tumulte des engueulades. De la commère aux machinistes, tous se meuvent prudemment, avec une économie de naufragés qui ménagent leurs dernières forces.

« Demain, matinée ! » songe le « Laissé-pour-Compte ». Elle baisse la tête comme un cheval de fiacre et regarde sans les voir ses chaussons de satin, troués à la place de l'orteil. Un frais parfum d'éther et de sels anglais la ranime : « Ah ! oui, c'est pour Elsie qui s'est trouvée mal. Elle a de la chance, on peut le dire ! Du coup, sa soirée est tirée... »

Quatre fillettes maigres, en robes de broderie anglaise, paraissent une à une sur l'escalier de fer. Leur passage muet semble aimanter le « Laissé-pour-Compte », qui les suit somnambuliquement. Du même pas incertain, elles entrent en scène l'une derrière l'autre, chantent un couplet indistinct sur les jeux des petites filles, jettent en même temps leurs jambes et leurs jupes de bébé en l'air, puis elles reviennent dans la coulisse en haletant.

Parce que le « Laissé-pour-Compte » exhale, en s'accotant à la poutre de fer, un « Il fait chaud ! » inconscient, désespéré, l'une des quatre *babies* éclate d'un rire nerveux, comme si le « Laissé-pour-Compte » avait dit quelque chose de très drôle...

La revue d'été, condamnée à atteindre le 1er septembre, agonise. Elle connaît des soirs minables, où deux cents spectateurs, égaillés dans la salle sonore, se regardent avec gêne et disparaissent avant l'apothéose. Elle ressuscite, certains samedis, certains dimanches pluvieux qui gorgent le promenoir d'une foule odorante.

La direction, prudente jusqu'au cynisme, a biffé tour à tour, sur l'affiche, les coûteuses vedettes de la création ; le danseur anglais a dédaigné l'été parisien ; l'étoile d'opérette sopranise à Trouville ; cent représentations ont épuisé des relais de commères. Sarracq, notoire sur la rive gauche, endosse la redingote de Raffort, qui succédait lui-même au danseur anglais, et de ce fait grandit jusqu'au « fromage blanc » son nom honnêtement ignoré en deçà des ponts.

Il n'y a que les costumes qu'on ne renouvelle pas, les costumes — et le « Laissé-pour-Compte ». Depuis le jour où sa fantasque sœur, danseuse, l'abandonna à l'Empyrée-Palace, il y a trois ans, le « Laissé-pour-Compte » fait partie de la maison en qualité de figurante dans les revues, dans les pantomimes et dans les ballets. La chance a voulu qu'un jour le directeur la remarquât au point de s'informer :

— Qu'est-ce que c'est donc que cette petite ?

— C'est du trois francs trente-trois, répondit le régisseur.

Dès le surlendemain, le « Laissé-pour-Compte » éblouie, touchait 160 francs au lieu de ses cinq louis mensuels. Elle fournit, en échange, un nombre incalculable d'heures de présence, qui se consument en oisiveté bovine ou en travail plus abêtissant que l'oisiveté : défilés, chœurs, poses plastiques... L'hiver, l'été passent sur elle sans la libérer, et la fatigue a déjà gonflé de deux poches lymphatiques ses paupières molles et jeunes. Elle est douce, avec de grands yeux soumis, et telle que le régisseur la proclame tantôt la « crème des pensionnaires », tantôt le « modèle des ballots ».

Ce soir, elle a chaud, comme tout le monde, un peu plus que tout le monde, parce qu'elle ne mange guère. Rien que le souvenir de son dîner lui donne la nausée : elle se voit encore attablée sur le trottoir, devant une portion de bœuf tiède qu'elle ne découpe même pas. Il y avait aussi des petits pois qui sentaient le chien mouillé... Elle agite, autour de ses joues, les boucles de sa perruque épaisse, et se dirige sans hâte vers l'escalier de fer. Rien ne la presse de quitter ce lieu où elle dépérit lentement, paisiblement, avec une sorte de sécurité funèbre. Avant de descendre, elle risque un œil à la fente du rideau et dit craintivement :

— Oh ! c'est encore plein de sauvages, ce soir !

C'est que le « Laissé-pour-Compte » a peur du public d'été. Elle sait que les habitués boutiquiers et tranquilles de l'Empyrée-Palace cèdent leurs fauteuils, en août, à des tribus étonnantes, dont le rauque murmure étranger, pendant l'entr'acte, inquiète. Elle redoute autant les rudes barbes teutonnes que le dur crépon bleu-noir des Orientaux et leur peau suave, couleur de cigare, autant que l'impénétrable sourire des nègres... C'est la chaleur qui les amène, avec les autres fléaux de la canicule.

Le « Laissé-pour-Compte » n'ignore pas que les « sauvages » suivent et sollicitent dans les rues désertes, après minuit, les petites figurantes, blanches d'anémie, qui gagnent au théâtre trois francs trente-trois par jour.

« Naturellement qu'il faut vivre, songe le « Laissé-pour-Compte », avec sa résignation de vieux cheval. Mais pas ceux-là, pas ceux-là, pas les « sauvages ! »

Elle est bien décidée à rentrer seule, d'ailleurs. Elle marchera, quoique épuisée, jusqu'au quartier Caulaincourt, de l'autre côté du pont. Sa petite chambre torride l'attend, tout en haut d'une maison meublée, au-dessus du cimetière Montmartre. Les murs minces restent tièdes toute la nuit, et le vent n'y porte que la fumée des usines.

Ce n'est pas une chambre pour vivre, ni même pour dormir. Mais le « Laissé-pour-Compte » a acheté une demi-livre de prunes, qu'elle mangera toute seule, en chemise, à sa fenêtre. C'est son luxe d'été. Elle pince les noyaux entre deux doigts et joue à les lancer très loin, jusqu'au cimetière. Dans le silence qui précède l'aube, quand elle entend le noyau rebondir et sonner musicalement contre une croix de fer, sur la vitre d'une chapelle, elle sourit et dit : « Ah ! j'ai gagné ! »

LA FENICE

— Qu'est-ce qu'on fait, ce soir ?

Tout le jour, Naples ruisselante a fumé comme un bain sale. La pluie bat le golfe, et Capri a fondu derrière la raide averse argentée. Un théâtral rideau de nuées violacées voile, puis dévoile le Vésuve, traîne jusqu'à la mer, et ferme enfin tout le ciel, écrasant au couchant la fleur rose et vive qui s'y entr'ouvrait...

Un timbre grelotte dans l'hôtel vide, blanc, sonore, où nous bravons le choléra et les bourrasques de grêle. Nous pourrions courir, jouer au cerceau dans l'interminable galerie, sous l'œil morne des valets de pied allemands. La salle de billard est à nous, et le bar, où dort l'homme en veste blanche, et tous les ascenseurs, et les femmes de chambre crépues, aux beaux yeux, dont le nez gras reluit... À nous seuls la salle à manger de deux cents couverts, où trois feuilles de paravent nous isolent et nous cachent le demi-hectare de parquet miroitant, vertigineux... mais...

— ... Qu'est-ce qu'on fait, ce soir ?

On consulte le baromètre, d'abord. Ensuite, on appuie le front aux vitres de la véranda pour voir osciller à la potence de fer, sur le quai inondé, le globe électrique, gros comme une lune mauve, que le vent balance...

Entre deux bouffées de la bourrasque, une voix chante *Bella mia* et *Fa me dormi*. C'est une voix enfantine, cuivrée, perçante et qui nasille, soutenue par des mandolines. Je tressaille de voir, soudain, de l'autre côté de la vitre, un front s'appuyer contre le mien, deux yeux chercher mes yeux, deux yeux noirs sous un désordre travaillé de cheveux pittoresques : la fillette qui chantait vient sur le perron chercher sa demi-lire. J'entr'ouvre la porte ; l'enfant entre à peine et s'esquive, après un geste mendiant, caressant, un profond regard féminin de bas en haut, qui force presque à rougir... Elle est toute perlée de pluie sous une mante rigide, coiffée d'un capuchon pointu ; une odeur d'étang et de laine mouillée est entrée avec elle...

— Qu'est-ce qu'on fait, ce soir ? Dis, dis, qu'est-ce qu'on fait, ce soir ?

Une demi-heure plus tard, nous échouons à « la Fenice ». C'est un caf'conc' de dimensions médiocres, qu'une publicité indiscrète lambrissa — murs, rideau de scène, couloirs — d'affiches à la gloire d'une liqueur locale. La fadeur des images, les silhouettes démodées des femmes qui s'y campent, hautes en croupe, hautes en gorge, suffisent pour que nous nous sentions soudain très loin de Paris, un peu perdus...

Malgré deux projecteurs brutaux, l'ensemble demeure triste : il y a juste trois femmes dans l'assistance, deux petites cocottes bourgeoisement fagotées — et moi. Que d'hommes, que d'hommes ! En attendant le lever du rideau, ils rient tout haut, chantonnent avec l'orchestre, se serrent les mains, échangent de loin des répliques : il règne entre eux une familiarité de mauvais lieu...

Mais, au programme, que de femmes, que de femmes ! Que de Gemma la Bellissima, de Lorenza, de Lina, de Maria !... À travers leurs beaux noms italiens, j'espère follement des Vénitiennes rousses et roses, des déesses romaines blanches sous leurs cheveux noirs, des Florentines au menton distingué... Hélas !...

Devant une toile de fond ingénument peinte, où je n'attendais certes pas ce château français, ni cette Loire miroitante, défilent Lina, Maria, Lorenza et Gemma la Bellissima, et d'autres, et d'autres... La plus frêle humilie les cariatides du balcon. On aime le solide, ici. À ce point que je soupçonne Lorenza di Gloria d'avoir remplacé, à grand renfort de coton et de mouchoirs roulés, ce qui manquait à sa jeunesse encore anguleuse de juive ; car elle agite des bras maigres, jaunes près de l'aisselle, autour d'un torse énorme, au long de hanches ballonnées, drapées d'un satin tramé, mauve et or...

Une tempête flatteuse accueille — pourquoi ? — Gemma la Bellissima, molle aimée en gaze verte. On acclame, on accompagne sa vertueuse danse de dame toute nue, qui s'excuse, par un sourire contenu, d'en montrer autant... Une minute, laissant voir au public son dos trop blanc, elle ose esquisser un trémoussement lascif ; mais vite elle se retourne, comme blessée par les regards, et reprend, cils baissés, son manège de laveuse modeste, qui tord et étend un voile pailleté…

L'étoile du lieu vaut qu'on l'écoute, et qu'on la regarde. C'est Maria X…, une Italienne bientôt cinquantenaire, encore belle, habilement crépie. Je ne puis nier, ni secouer l'attrait de cette voix exercée, qui commence à s'user, et de ce geste excessif. Je ne puis discuter cet instinct de mime qui « donne l'expression » avec la face, l'épaule, le creux des reins, la jambe grasse et alerte, et les mains surtout, les mains infatigables qui pétrissent, soupèsent, caressent le vide, tandis que la figure éreintée, brillante, séduisante, rit, se plisse, pleure, crevasse insoucieusement le maquillage épais, et ramasse, d'un regard acéré, d'un froncement de ses nobles sourcils veloutés, toutes les convoitises de la salle.

« Lucette de Nice »… J'attendais, curieuse, la petite Française qui porte un si joli nom bébête. La voici. Toute mince — enfin ! — miséreuse dans sa robe courte à grosses paillettes, elle chante des chansons de Paris, rebattues. Où ai-je vu ce trottin fin et négligé, presque sans nez, qui a l'air de bouder et d'avoir peur ? À l'Olympia, peut-être ? Ou à la Gaîté-Rochechouart ?

Lucette de Nice… Elle ne sait qu'un geste, un geste de la main en forme de cuiller, saugrenu et félin, qui plaît… Où l'ai-je vue ?… Ses yeux errants rencontrent les miens, et le sourire quitte ses lèvres, semble remonter à ses grands yeux margés de bleu… Elle aussi m'a reconnue et ne cesse plus de me regarder. Elle ne pense plus à sa chanson ; je lis sur sa figure d'enfant pauvre le désir de me rejoindre, de me parler... À la fin de son dernier couplet, elle me sourit brusquement, comme quand on va pleurer, et s'en va très vite, en se cognant le bras au portant...

Après, il y a encore une lourde et fraîche fille, confiante, ensommeillée, qui jette au public des fleurs sans tige, montées sur de longs et légers roseaux... Il y a une acrobate, assurément enceinte, que son travail semble torturer et qui salue avec un visage égaré, couvert de sueur...

Trop de femmes, trop de femmes !... Je voudrais que l'on mêlât à ce troupeau quelque Dranem bien napolitain, ou l'indispensable ténor aux cheveux bleus. Cinq ou six caniches dressés ne nuiraient point, ni l'homme qui joue du piston avec une boîte à cigares...

C'est triste, tant de femmes ! On les voit trop bien, on pense à elles. Mes yeux vont de l'ourlet élimé à la ceinture d'or verdi, de la petite bague terne au collier de corail blanc teint en rose. Et puis, je vois les poignets rouges sous la couche de fard, les mains durcies qui cuisinent, qui savonnent et balayent, je devine les bas percés, les semelles feuilletées, j'imagine l'escalier visqueux qui mène à la chambre sans feu, la lueur courte de la bougie... En regardant celle qui chante, je vois les autres, toutes les autres...

— Allons-nous-en, dis ?

Il pleut toujours. Un vent furieux jette l'averse sous la capote levée, et la voiture rebondit, emportée par un petit cheval noir, fou, diabolique, qui semble courir à l'abîme, excité par les « *âââ* » rugissants d'un cocher bossu...

GITANETTE

Dix heures. On a tant fumé au Sémiramis-bar, ce soir, que ma compote de pommes a comme un vague goût de maryland... C'est samedi. Une espèce de fièvre de vacances annonce, parmi les habituées, le congé du lendemain, la journée exceptionnelle, après la grasse matinée, la balade en taxi-auto jusqu'au Pavillon Bleu, la visite aux parents, la sortie des gosses remisés dans un internat minable de la banlieue, et qui viendront, ce beau dimanche, respirer l'air pur et vivace du Châtelet...

Sémiramis débordée, a mis un pot-au-feu monstre, qui servira de base massive à son dîner dominical : « Trente livres de bœuf, ma chère, et les abats de six poules ! Ils me ficheront la paix avec ça, je crois. Je te le leur mets en entrée à dîner, et en salade à souper ! et du consommé, comment qu'ils en auront, du consommé ! » Tranquille, elle fume sa cigarette sempiternelle, en promenant de table en table son sourire de bonne ogresse et son whisky-and-soda qu'elle sirote machinalement. Un café amer et fort tiédit dans ma tasse ; ma chienne, que la fumée enrhume, me presse de partir...

— Vous ne me reconnaissez pas ?... dit une voix près de moi.

Une jeune femme en noir, très simple, presque pauvre, m'interroge du regard. Elle a des cheveux sombres, qu'on distingue à peine sous son paillasson orné de plumes couteaux, un col blanc, une petite cravate, des gants gris-perle sans fraîcheur...

De la poudre, du rouge aux lèvres, du noir aux cils, le maquillage indispensable, mais posé d'une main distraite, par nécessité, par habitude. Je cherche, et, soudain, les beaux yeux, les larges prunelles, — d'un brun-noir miroitant comme le café de Sémiramis, — me renseignent :

— Mais c'est Gitanette !

Son nom, son nom absurde de music-hall, m'est revenu, avec la mémoire de notre rencontre...

Il y a trois ou quatre ans, quand je jouais la pantomime à l'Empyrée, Gitanette occupait une loge à côté de la mienne. Gitanette et son amie, couple de « danseuses cosmopolites », s'habillaient là, porte ouverte sur le couloir pour avoir de l'air... Gitanette dansait les travestis, et son amie, — Rita, Lina, Nina ? — paraissait tour à tour en gommeuse, en Italienne, puis bottée de cuir à la cosaque, puis drapée dans un châle de Manille, un œillet sous l'oreille... Un gentil petit couple, — je devrais écrire petit ménage, car il y a des attitudes, des regards qui édifient, et aussi l'autorité que montrait Gitanette, le tendre soin, quasi maternel, dont elle enroulait au cou de son amie un gros châle de laine... L'amie, Nina, Rita, ou Lina, je l'ai un peu oubliée. Une blonde teinte, des yeux clairs, des dents blanches, quelque chose comme une jeune blanchisseuse appétissante et canaille...

Elles ne dansaient ni mal, ni bien, et leur histoire était celle d'un tas de « numéros de danse ». On est jeunes, souples, on est dégoûtées du bar à femmes et du promenoir, alors on ramasse tous ses pauvres sous pour payer, tant par semaine, le maître de ballet qui vous règle un numéro, et le costumier... Et si on a beaucoup, beaucoup de chance, on commence à faire les établissements de Paris, de la province et de l'étranger...

Gitanette et son amie « faisaient » donc l'Empyrée, ce mois-là. Trente soirs durant, elles me témoignèrent cette obligeance discrète et désintéressée, cette réserve timide et courtoise qui semble avoir sa patrie dans les seules coulisses du music-hall. À l'heure où je posais, sous ma paupière, ma dernière touche de rouge, elles remontaient, les tempes moites, la bouche tremblante d'essoufflement, et me souriaient d'abord sans parler, en haletant comme des poneys de manège. Un peu remises, elles me donnaient poliment, en guise de bonsoir, le renseignement bref et utile : « Un public en or ! » ou bien ; « Ce qu'ils sont charognes, aujourd'hui ! »

Puis Gitanette, avant de se dévêtir, délaçait le corsage de son amie, lui jetait sur les épaules le kimono d'indienne imprimée, et la petite bête crapule et nerveuse, Rita, Nina ou Lina, commençait à rire, à jurer, à jaser : « Faites bien attention », me criait-elle, « il y a encore les patineurs à roulettes qu'ont toutes rayé la scène, et c'est bien d'hasard si vous ne la prenez pas, la gadiche, ce soir ! » La voix de Gitanette répliquait, plus grave : « De prendre la pelle en scène, c'est très bon... C'est signe qu'on reviendra dans le même établissement d'ici trois ans. Ainsi, moi, aux Bouffes de Bordeaux, je me prends le pied dans une costière... »

Elles vivaient tout haut, ingénument, à côté de moi, la porte grande ouverte. Elles faisaient un bruit d'oiseaux affairés et tendres, heureuses de travailler ensemble, de se réfugier l'une en l'autre, défendues l'une par l'autre de la prostitution désolante, de l'homme souvent méchant... Je songe à ce temps-là, devant Gitanette morne et seule, si changée...

— Asseyez-vous une minute, Gitanette, nous allons prendre le café ensemble... Et... votre amie, où est-elle ?

Elle s'assied, secoue la tête :

— Nous ne sommes plus ensemble, avec mon amie. Vous n'avez pas su mon histoire ?

— Mais non, je n'ai rien su... Est-ce que c'est indiscret de vous demander... ?

— Oh ! ma foi, non. Vous, vous êtes une artiste, comme moi... comme j'étais, c'est-à-dire, parce qu'à présent, je ne suis plus même une femme...

— C'est si grave que ça ?

— C'est grave, si on veut. Ça dépend des caractères. Moi, j'ai une nature comme ça, une nature à m'attacher. Je m'étais attachée à Rita, elle était tout pour moi, je ne pensais pas que ça pourrait jamais changer... L'année où c'est arrivé, justement, nous avions eu une vraie veine. Nous finissions à peine de danser à l'Apollo, que voilà Salomon, l'agent, qui nous envoie un mot, comme quoi nous faisions une danse dans la Revue de l'Empyrée, une revue superbe, douze cents costumes, des girls anglaises, et tout. Moi, je n'étais pas folle de danser là dedans, j'ai toujours peur que, dans des revues où il y a tant de femmes, ça vienne en disputes, en rivalités, en potins. Au bout de quinze jours de Revue, je languissais après notre petit numéro tranquille d'avant. D'autant plus que la petite, Rita, n'était plus la même avec moi, elle voisinait ici et là, et c'étaient des amitiés avec l'une et l'autre, et le champagne qu'elle allait prendre dans la loge de Lucie Desrosiers, cette grande jument rousse qui empoisonnait la boisson et qui avait toujours des corsets avec des baleines cassées... Du champagne à vingt-trois sous la bouteille, dites-moi si on peut avoir quelque chose de bon pour ce prix-là !... La petite devenait chichi et insupportable. Un soir, est-ce qu'elle ne remonte pas dans sa loge en se vantant que la commère lui fait de l'œil ? Je vous demande un peu comme c'était intelligent, et gentil pour moi, n'est-ce pas ? Je devenais triste, je voyais du mal partout. J'aurais donné je ne sais quoi pour un bon engagement à Hambourg ou au Wintergarten de Berlin, pour nous sortir de cette Revue qui n'en finissait pas !...

Gitanette tourne vers moi ses beaux yeux couleur de café sombre, qui semblent avoir perdu l'activité, le mordant d'autrefois :

— Je vous dis les choses comme elles étaient, vous savez. Ne croyez pas que j'invente sur telle ou telle, et que j'y mets de la méchanceté !

— Sûrement non, Gitanette.

— À la bonne heure. Voilà un jour que ma petite rosse d'enfant me dit ; « Écoute, Gitanette, il me faut un jupon (on portait encore des jupons dans ce temps-là) et un chic jupon, le mien me fait honte. » Comme de juste, c'est moi qui tenais les clefs de la caisse, sans quoi, qu'est-ce qu'on aurait bouffé !... Je lui dis seulement : « Tu veux un jupon de combien ? — De combien, de combien ! qu'elle me répond en colère, on dirait que je n'ai pas le droit de m'acheter un jupon ! » Partie comme ça, je n'y coupais pas de la scène. Pour l'arrêter, je lui dis seulement : « Voilà la clef, prends ce qu'il te faut, mais n'oublie pas que nous payons demain notre mois de chambre. » Elle prend un billet de cinquante francs, s'habille dare-dare, pour arriver soi-disant aux Galeries Lafayette avant l'heure de la presse ! Moi je reste à remettre en état deux costumes qui rentraient du teinturier, et je couds, je couds, en l'attendant... Un moment, je vois qu'il faut que je remplace tout un volant de dessous en mousseline de soie à la robe de Rita, et je dégringole au plus près, à la place Blanche, il faisait déjà nuit... Rien que de vous raconter ça, je revois tout comme dans la minute même ! Juste l'instant que je sors du magasin, je manque de me faire écraser par un taxi qui se range au trottoir et qui s'arrête, et qu'est-ce que je vois ? La grande Desrosiers qui descendait de l'auto, toute mal coiffée, mal rhabillée, et qui faisait adieu de la main à Rita, à ma Rita restée dans l'auto !... De saisissement, j'en suis restée là, les jambes coupées... De sorte que quand j'ai voulu faire signe, appeler Rita, le taxi était déjà loin, il ramenait Rita vers chez nous, rue Constance...

Je rentre comme une hébétée ; naturellement, elle était déjà là, Rita. La figure qu'elle avait... non ! Il fallait la connaître comme je la connaissais, pour savoir que...

Enfin, passons ! Je reste bête et je lui demande : « Et ton jupon ? — Je ne l'ai pas acheté. — Et les cinquante francs ? — Je les ai perdus. » Elle me dit ça en face, avec des yeux !... Vous n'imaginez pas, vous n'imaginez pas...

Les yeux baissés, Ginette tourne fébrilement sa cuiller dans sa tasse...

— Vous n'imaginez pas le coup que ça m'a donné, ce mot-là. C'est comme si j'avais tout vu de mes yeux : leur rendez-vous, leur balade en auto, la chambre meublée de l'autre, le champagne sur la table de nuit, tout, tout...

Elle répète, très bas : « Tout... tout... » jusqu'à ce que je l'interrompe :

— Et alors, qu'est-ce que vous avez fait ?

— Rien. J'ai pleuré tout mon saoul pendant le dîner, dans mon gigot aux haricots... Et puis, huit jours après, elle m'a quittée. Et *heureusement* que je suis tombée malade à la mort, sans ça, malgré que je l'aimais bien, j'aurais été la tuer...

Elle parle tranquillement de tuer, ou de mourir, en tournant toujours sa cuiller dans le café froid. Cette fille simple, qui vit tout près de la nature, sait qu'il suffit, pour dénouer toutes nos misères, d'un geste, si facile, à peine violent… On est mort, comme on est vivant, sauf que la mort est un état qu'on choisit, tandis qu'on ne choisit pas sa vie…

— Vous avez eu envie de mourir, Gitanette ?

— Naturellement oui, dit-elle. Seulement j'étais si malade, vous comprenez, je n'ai pas pu. Et puis, après, ma grand'mère m'a réclamée, elle m'a soigné ma convalescence. Elle est vieille, n'est-ce pas, je n'ose pas la laisser…

— Et puis vous êtes moins triste, à présent ?

— Non, dit Gitanette plus bas. Et même je ne voudrais pas être moins malheureuse.

» J'aurais honte de me consoler, après que j'ai tant aimé mon amie. Vous me direz, comme on m'a tant dit : « Prenez de la distraction… le temps arrange tout… » Je ne vous contredis pas que le temps arrange tout, mais ça dépend des personnes. Moi, n'est-ce pas, je n'ai rien connu que Rita, ça s'est trouvé comme ça, je n'ai pas eu d'ami, je ne sais pas ce que c'est qu'un enfant, j'ai perdu mes parents toute petite, mais quand je voyais des amants heureux ensemble, ou bien des gens en famille avec des petits enfants sur les genoux, je me disais : « J'ai tout ce qu'ils ont, puisque j'ai Rita… » Allez, ma vie est finie comme ça, il n'y a rien à y changer. Chaque fois que je rentre chez ma grand'mère, dans ma chambre, et que je revois les portraits de Rita, nos photos dans tous nos numéros, la petite table à coiffer qui servait pour nous deux, chaque fois ça recommence, je pleure, je crie, je l'appelle... Ça me fait du mal, et en même temps je ne peux pas m'en passer. C'est drôle à dire, mais... il me semble que je ne saurais quoi faire si je ne souffrais pas. Ça me tient compagnie.

FIN